In Liebe gedenkt
seinen alten Freunden.
Arthur E. Keifer.
Zürich, Aug. 26. 1927

# Der mathematische Gedanke in der Welt

Plaudereien und Betrachtungen
eines alten Mathematikers

von

Dr. Christian Beyel

Erstes bis fünftes Tausend.

Verlag: Walter Loepthien-Klein
Luzern / Meiringen / Leipzig

# Inhalt.

# Vorwort.

Der Mathematiker, der seine Abhandlungen und Bücher für einen kleinen Leserkreis geschrieben hat, geht gerne in seinen alten Tagen in die Welt hinaus, sieht sie mit mathematischen Augen an und möchte das Gesehene einem weiteren Kreise vorlegen. In dieser Absicht sind die folgenden Skizzen geschrieben worden. Sie beanspruchen keine besondere Kenntnis in der Mathematik. Wenn die Überschriften einzelner Kapitel mathematische Fachausdrücke bringen, so lasse sich der Leser dadurch nicht abschrecken. Die Erklärungen fehlen nicht. Sie geben Veranlassung, die mathematischen Begriffe anzuwenden und Analogien zwischen der Mathematik und dem Leben aufzudecken. Es handelt sich dabei nicht um die Anwendung der mathematischen Formelsprache auf die Erscheinungen der Welt, wie sie in der Physik, Astronomie und Technik gebräuchlich ist. Ich rede vielmehr in Vergleichen, zuweilen symbolisch und gelegentlich fast mystisch. Dabei sollen die Weltanschauungsfragen vielfach den Stoff zur Betrachtung geben, und die mathematischen Methoden werden apologetischen Zwecken dienstbar gemacht. Dies alles aber ohne System, nicht lehrend und dozierend, nicht pastoral und professoral, sondern plaudernd, kritisierend und philosophierend. Damit ist auch gesagt, daß die einzelnen Skizzen nicht erschöpfend sind, sondern nur Anregungen und Beispiele bringen. Der Leser mag dann die Gedanken weiterspinnen. Es ist ja gute mathematische Art, nicht alles zu sagen, was man weiß, und das Wesentliche in Kürze zu fassen. Ich hoffe von diesem Gebrauch nicht abgewichen zu sein und beschränke mich auch jetzt auf diese kurzen Andeutungen über den Zweck und die Anlage des Büchleins. Es füllt ja keine Lücke aus und „entspringt nicht einem dringenden Bedürfnis" wie so oft der empfehlende Geleitschein eines Buches lautet. Es bringt aber doch manches, was nicht überall steht. Es kann auch zeigen, daß die Mathematik immer wieder auf die Grenzen unserer Erkenntnis hinweisen muß. Das mag einer der Gründe sein, warum so viele Mathematiker einer Ergänzung des reinen Verstandeslebens durch transzendente Gesetze sympathisch gegenüber stehen. Ich habe wiederholt auf diese Tatsache hingewiesen und wünsche, daß diese Plaudereien nach dieser Richtung abklärend wirken.

Dr. Chr. Beyel.

## Der Pfad zur Mathematik.

Wer den Bildungsweg unserer Schulen durchschritten hat, erinnert sich — vielleicht mit Freude oder aber mit Schrecken — an die Rechenstunden, die während vieler Jahre den Stundenplan zierten — oder verunzierten. Dann kam auf einmal etwas Neues, was sich hinter dem geheimnisvollen Worte „Mathematik" verbarg. Nur derjenige, welcher das zuweilen zweifelhafte Vergnügen hatte, die Schüler in dieses Neuland einzuführen, weiß wie schwer für viele nun der Pfad wurde. Ein schmaler Bergpfad zwischen zwei steil abfallenden Wänden schien das neue Gebiet zu erschließen, wo ja auch gerechnet wurde und viel gerechnet, im „Kopfe" und „auf dem Papier" — aber ganz anders wie früher. Einige wenige, ganz schwindelfreie, kamen glatt über den Kamm hinweg ohne Schwanken und ohne Unsicherheit. Ihnen ging der Begriff der mathematischen Größe schnell auf, und sie erfaßten bald das Wesen der Gesetze, welche die Zahlen beherrschen und die Einzelfälle zu einer allgemeinen Regel zusammenfassen. Diese wenigen waren die zukünftigen Mathematiker, Physiker, Philosophen und Logiker. Manche Schüler kamen nie über den Pfad und fielen rechts und links herab und fanden sich in anderen, vielleicht lieblicheren und behaglicheren, Gefilden zurecht. Das waren die ausgesprochenen Amathematiker. Der Rest wurde mühsam mit Seilen und Stangen und an Hand von geduldigen Lehrern in das Reich der Mathematik geschafft, wo sie sich aber nie recht heimisch fühlten. Sie lernten die Sätze auswendig und konnten in mechanischer Weise die vorgeführten Beispiele „nachmachen", aber der innere Kern der Sache, der Zweck und die Kraft des Beweises blieb ihnen fremd. Wer sie da leiten mußte, seufzte vielleicht oft still vor sich hin mit den Worten: „Oh, daß sie doch nie diesen Pfad beschritten hätten!"

Glücklicherweise braucht die Mehrzahl der Menschen nicht diesen steilen Weg der Mathematik zu gehen.. Sie haben es nur mit einer beschränkten Gruppe von Einzelfällen zu tun, müssen keine allgemeinen Gesetze aufstellen, und es genügt, wenn sie die Regeln kennen, die ihnen überliefert werden. Ich will daher niemanden mit Gewalt und mit gelehrten Hilfsmitteln über den oben erwähnten Bergpfad bringen. Ich beabsichtigte nur in einer allgemeinverständlichen Weise ein wenig über die Methode der Mathematik und über ihr Gebiet zu plaudern. Dabei werden sich allerlei Analogien ergeben, die für das Leben eines jeden Menschen Bedeutung haben und ihn vor Fehlschlüssen bewahren können.

---

## Die Größe in der Mathematik.

Die Mathematik beginnt mit der Erklärung von Größen, setzt ihre Grenzen fest, definiert entgegengesetzte Größen und dergleichen mehr. Sie gibt also die Größen mit ihren Eigenschaften. Sie knüpft an das Gegebene an. Wenn sie von mehreren Größen handelt, so setzt sie voraus, daß sie verschieden seien und nur unter bestimmten Bedingungen einander gleich werden können oder vorgeschriebene Werte annehmen. Eine Mathematik mit lauter gleichen Größen hat keinen Sinn — ist Unsinn. Sie würde freilich niemanden viel Kopfzerbrechen und Mühe machen und sie ist vielleicht das Ideal aller derjenigen, welche den Eingangspfad in die mathematischen Gefilde nicht gehen konnten.

Wie gut wäre es nun, wenn wir in unserem modernen Leben uns etwas mehr an diese Art der Einführung in die Mathematik halten wollten, als es gewöhnlich geschieht! Freilich liegen da die Dinge nicht so einfach wie in der Mathematik. Da kann der Mathematiker die Größen selbst definieren und alle die Bedingungen aufstellen, welche ihren Wert beschränken. Dagegen sind uns in der Welt die Größen gegeben. Der Mensch z. B. ist eine solche Größe. Wir können sie erforschen, wie sie aus der Hand des Schöpfers hervorging, sich entwickelte und im Laufe der Zeiten unter verschiedenen Himmelsstrichen sich änderte. Jeder Mensch ist in jedem Augenblick eine ganz bestimmte Summe von Elementen, die als eine Größe erscheinen, und er ist in dieser Zusammensetzung von jedem anderen Menschen verschieden. Daß wir ihn nicht so einfach in Rechnung setzen können wie die Zahl a in der Mathematik, ändert an dieser Tatsache nichts, sondern beweist nur die Kompliziertheit des Menschen und die Beschränktheit unserer Einsicht. Wenn wir nun die Gesetze des menschlichen Lebens erforschen wollen, müssen wir, genau wie in der Mathematik, vom Menschen als der gegebenen Größe ausgehen und alles das berücksichtigen, was wir von dieser Größe kennen oder nicht kennen.

Anders verfährt oft der moderne Theoretiker, welcher das Leben meistern und die Welt verbessern will. Er konstruiert sich einen Menschentypus, der auf der Erde nicht vorkommt und setzt diese abstrakte Größe in seine Pläne ein. Stellt er dann die Gleichheit der menschlichen Größen in den Vordergrund, so arbeitet er ähnlich wie jene Mathematiker, denen eine einfache Mathematik als Ideal vorschwebt, die nur die Größe a kennt. Tritt ein solcher Theoretiker als Führer auf, so wird er bei allen denen Anklang finden, welche den schmalen Pfad zur Mathematik scheuen. Ihre Zahl ist Legion und so begreift man leicht die Verwirrung, welche das Volk erfassen muß, das solche Führer hat. Sie reden vielleicht ganz logisch und haben die Gabe, ihren Schlüssen eine schöne, verlockende und beweiskräftige Form zu geben. Aber sie gehen von einer falschen Voraussetzung aus, und das führt in der Mathematik zu falschen Sätzen und im menschlichen Leben zu Unglück, Elend und Zusammenbruch.

Ich habe oben mit Absicht gesagt, daß bei solchen Theorien unrichtigerweise die Gleichheit aller Menschen in den Vordergrund gestellt werde. Ich übersehe dabei die Gleichheiten nicht. Sie sind aber an bestimmte Bedingungen gebunden und auf besondere Gebiete beschränkt. Daneben herrscht die Ungleichheit vor. Es gibt Arme und Reiche, Gute und Böse, Begabte und Unbegabte und zahllose Zwischenstufen zwischen diesen Gegensätzen. Nur durch das Zusammenarbeiten dieser verschiedenen Größen, in Kampf und Liebe, in Führung und Unterwerfung wirkt sich der Weltplan aus, in dem jedem Menschen seine Stelle zugewiesen und der Weg gezeigt ist, den er gehen soll und naturgemäß gehen kann.

Die Bedingungen für gewisse Gleichheiten liegen aber außerhalb des Menschen und haben ihre Analogie in der Mathematik. Man arbeitet da mit der unendlich großen Zahl, der gegenüber jede endliche Größe verschwindet. Dem Unendlichen gegenüber sind die endlichen Größen einander gleich und diese Gleichheit ist analog derjenigen, welche die Menschen vor Gott und auch vor alle dem haben, was von Gott kommt. Im Verhältnis zu ihm ist der Mensch verschwindend klein. Von Gott stammt das Gesetz, das Gutes und Böses scheidet und das in das Gewissen jedes Menschen eingeschrieben ist. Diesem Gesetze sind wir alle in gleicher Weise verpflichtet und verantwortlich. Gott ist also der Ur-Mathematiker, der die Größen unserer Welt mit ihren Eigenschaften und Entwicklungsgesetzen gegeben hat. Wir Menschen sind aber in alle dem gleich, was sich auf unsere Abhängigkeit von ihm bezieht; dagegen sehr verschieden in den Anlagen und Umständen, welche auf unser irdisches Leben Einfluß haben. Auf dieser Gleichheit sowohl wie auf dieser Verschiedenheit beruht der göttliche Weltplan, dessen tiefe Gesetze wir teilweise erforschen und teilweise ahnen können. Sie sind oft himmelweit von dem verschieden, was sich Menschen in ihrem Kopfe aussinnen und zurechtlegen. Wir sind eben nicht imstande, diese Gesetze zu geben, zu „machen" und damit eine lebende Welt hervorzuzaubern. Je mehr wir zu dieser Einsicht durchdringen, um so weniger werden wir versucht sein mit dem abstrakten Menschen eine formale Welt aufbauen zu wollen. Das Leben wird ihr fehlen. Diese Erkenntnis soll uns auch von dem Größenwahn befreien, als seien wir die Erdengötter, welche die Dinge in ihrem inneren Wesen beherrschen und durch Vorschriften, Anordnungen und Befehle, den einzelnen Menschen erneuern und ihm eine bessere Welt schaffen können.

In der kühlen Luft der Mathematik findet man sich leicht mit dieser Tatsache ab. Man zählt die Bedingungen, denen die Größen unterworfen sind, bestimmt daraus die Zahl der möglichen Werte und verliert sich nicht in Phantasien. Das warm pulsierende Leben aber gibt sich nur schwer mit den Tatsachen zufrieden und empfindet dieselben vielleicht oft hemmend und drückend. Wer aber tiefer in die verwickelten Verhältnisse der Welt hineinsieht, wird innerhalb der gesetzten Schranken so viele Aufgaben zu lösen haben, daß er sie kaum bemeistern kann. Lächelnd wird er der vielen Weltverbesserer und Projektenmacher gedenken, die sich über die alte Wahrheit hinwegsetzen wollen, daß sich nur in der Beschränkung der Meister zeigt.

## Die Gruppe und die Invariante.

Man betrachtet in der Mathematik vielfach Größen, die in bestimmter Weise verbunden sind und beobachtet, daß bei definierten Veränderungen der Gesamtheit dieser Größen einzelne Eigenschaften unverändert bleiben. Man sagt dann: Die Größen bilden eine Gruppe. Was unverändert bleibt, ist die „Invariante" dieser Gruppe. Ein einfaches Beispiel mag dies veranschaulichen.

In einem Dreieck sind die drei Ecken durch die Seiten verbunden. Ziehen wir aus einem leuchtenden Punkte die Geraden oder Lichtstrahlen durch die Ecken des Dreieckes und schneiden wir diese Geraden mit einem Blatt Papier — also einer Ebene — so bilden diese Schnittpunkte ein neues Dreieck, das man als den Schatten des gegebenen Dreiecks erklärt. Seine Seiten sind im allgemeinen verschieden von denjenigen des schattenwerfenden Dreiecks. In der Sprache der Mathematik können wir nun sagen: Die drei Ecken des Dreieckes bilden eine durch die Seiten verbundene Gruppe. Die geometrische Konstruktion, welche wir als Vorgang der Schattenwerfung erklären, deutet die Veränderung an, die wir mit der Gruppe vornehmen. Sie ist wieder ein Dreieck, dessen Seiten und Winkel sich geändert haben. Aber eine Reihe von Dreiecks-Eigenschaften sind gleich geblieben. Die Winkelsumme in dem einen wie in dem anderen Dreieck ist 180° und anderes mehr. Diese Eigenschaften sind Invarianten der Gruppen von drei Punkten, welche als Schatten eines Dreiecks in verschiedenen Ebenen aufgefaßt werden können. Geometrisch gesprochen sind die drei Punkte des ursprünglichen Dreiecks und aller seiner Schatten an drei gradlinige Lichtstrahlen gebunden. Diese Gebundenheit gibt einen geometrischen Ausdruck für die Invariante. Versuchen wir die oben definierte Konstruktion experimentell zu kontrollieren, d. h. beobachten wir den Schatten, welchen ein Dreieck bei dem Lichte einer Lampe — als leuchtender Punkt — auf eine Tischplatte wirft, so kann es vorkommen, daß dieser Schatten ein Streifen zwischen zwei parallelen Linien wird. Dann ist der Lichtstrahl, der durch eine Ecke des Dreiecks geht, parallel der Fläche des Tisches. Man sagt: Der Schatten dieser Ecke liegt unendlich fern. Bei einer besonderen Lage des Dreiecks nimmt sein Schatten den Winkelraum zwischen zwei sich schneidenden Geraden ein. Dann ist die Tischplatte parallel zu der Ebene, welche durch zwei Lichtstrahlen bestimmt wird. Die Geometrie bedient sich bei solchen Grenzlagen des Ausdruckes: Das Dreieck degeneriert oder entartet.

Kehren wir von diesem Beispiel wieder zur mathematischen Erklärung zurück, so läßt sich denken, daß dieselbe dem Mathematiker ein weites und fruchtbares Feld für seine Erforschungen erschließt. Die Invariante erscheint wie eine gesetzmäßige, unzerstörbare Kerneigenschaft, um welche sich die Gruppe mit ihren wechselnden Gestalten lagert. Diese aber ist mit allen ihren Degenerationsformen oder Abarten an das gleichbleibende Gesetz der Invariante gebunden. Ich gebe mit dieser Darstellung dem abstrakten mathematischen Gesetz ein anschauliches Gewand, welches das Wesen der Sache versinnbildlicht. Auf diese selbst kann ich von mathematischen Gesichtspunkten aus hier nicht eintreten. Dagegen werde ich eine Reihe von Beziehungen und Gesetzmäßigkeiten des Lebens mit der oben erklärten Sprache der Mathematik ausdrücken und charakterisieren. Wenige Beispiele mögen genügen.

Eines der größten Wunder der Erscheinungswelt, größer als alle Wunder der Bibel und der Legenden ist das Formgesetz. Aus einem Apfelkern wird ein bestimmter Baum, dessen Früchte dieselbe Art haben wie der Apfel, welchem der Kern entstammt. Aus dem Hühnerei schlüpft ein Huhn, das in seinen Bedürfnissen, Gewohnheiten und in seinem Kampfe ums Dasein denselben Weg geht wie der alte Gockelhahn oder die Henne. Die kleinsten Lebewesen eilen bei Krankheiten zu Kampf und Abwehr herbei, ohne irgendwie dazu angeleitet zu sein. Betrachten wir nun jedes Geschöpf derselben Art als eine Gruppe von Größen, die in bestimmter Weise untereinander verbunden sind und voneinander abhängen, so existieren unzerstörbare Zusammenhänge, welche mit den Invarianten einer mathematischen Gruppe vergleichbar sind. Das Entstehen, Leben und scheinbare Vergehen jedes Exemplares wird durch solche Invarianten geleitet, die bis in die kleinsten Einzelheiten hinein wirksam sind und Gestalt und Form und Lebensweise beeinflussen, dabei aber weitgehenden Veränderungen Spielraum lassen. Die Art ist an solche Invarianten gebunden und selbst die Degenerationsformen und Abarten finden ihre Analogien in der Mathematik, wie wir an dem oben angeführten Beispiel des degenerierten Dreiecks zeigten. Nur sind die Bedingungen für Degenerationen in der Erscheinungswelt der Lebewesen nicht so leicht aufzustellen wie in der Mathematik.

Greifen wir aus den Geschöpfen den Menschen heraus, so stellt auch er eine — nicht gerade einfache — Gruppe von Größen dar und hat seine zahlreichen Invarianten, an die er gebunden ist. Unter denselben seien genannt: Das Selbstbewußtsein, das Gewissen, die Seele, das Gottesbewußtsein — Komplexe, welche als unzerstörbare Invarianten von der Gruppe „Mensch" nicht zu trennen sind und die Art als solche charakterisieren und bei jedem einzelnen Exemplar als ein leitendes Gesetz auftreten.

Die Menschen schließen sich vielfach zu Gruppen zusammen, welche durch Invarianten ihre Eigenart erhalten. Die Familie im engeren Sinne und die erweiterte Familie, die als Sippe auftritt, sind Beispiele solcher Gruppen, deren Invarianten als Liebe, Pietät, Anhänglichkeit, Sippensinn usw. die Gruppe zusammenhalten. Die menschliche Gesellschaft schließt eine Fülle von Gruppen ein, Gemeinde, Staat, Kirche, Rasse und andere, deren Invarianten die Struktur und den Aufbau der Gruppen beeinflussen und für dieselben nötig und bestimmend sind. Greifen wir die Kirche heraus, so besteht ihre vorzüglichste Invariante im Dogma, welches die Glieder der Gruppe bindet und ihrem Tun und ihren Zielen Richtung gibt. Einer Kirche ohne Lehre fehlt der innere Zusammenhang. Die Dogmen sind den Lichtstrahlen vergleichbar, an die in unserem eingangs erklärten Beispiele die Ecken der Dreiecke gebunden waren. Läßt man diese Bindung — in unserem

Falle die gerade Linie resp. die Lehre der Kirche — fallen, so fällt damit auch die Gruppe — das Dreieck resp. die Kirche — dahin.

Bei der großen, die ganze Menschheit umfassenden Gruppe hängt ihre Existenz mit derjenigen von bestimmten Invarianten zusammen. Die 10 Gebote, die Grundlagen unserer Sittlichkeit, sind solche Invarianten, auf denen unsere menschliche Gesellschaft beruht. Sie hört auf und fällt auseinander, sobald sich ihre einzelnen Glieder von diesen Invarianten lossagen. Gegen diesen Zusammenbruch helfen alle schönen Worte, Pläne, Verbände und Bünde nichts, bei denen eine neue Sittlichkeit und ein neues Recht geschaffen werden sollen.

Diese wenigen Beispiele zeigen, daß bei den Formen der Mathematik wie bei denen des Lebens unzerstörbare Gesetzmäßigkeiten bestehen, die im Gebilde selbst liegen und bei aller Mannigfaltigkeit des Erscheinungsbildes sein Wesen erhalten und charakterisieren. Wir können durch Nachdenken und Beobachten diese Gesetzmäßigkeit erforschen, nicht aber durch eine andere ersetzen, ohne den Zusammenhang der Gruppe zu zerstören. Wir stoßen also auch da wieder auf die Schranken, welche unserem Schaffensdrange gesetzt sind und müssen uns bescheiden.

---

## Die Funktion in der Mathematik.

Das Wort Funktion hat in der Mathematik eine andere Bedeutung wie im gewöhnlichen Sprachgebrauch. Nach demselben hat der Nachtwächter, welcher mit seiner Laterne die Stadt bewacht, eine Funktion, und ebenso der König, der für das Wohl seiner Untertanen sorgen soll. Die Funktion ist ein Amt. In der Mathematik gehören dagegen zur Funktion mehrere Größen. Sie werden durch bestimmte Rechnungsarten, die genau definiert sind, zueinander in Beziehung gesetzt. Man sagt dann: „Die eine Größe ist eine Funktion einer zweiten Größe oder von mehreren Größen." Eine andere Redensart ist: „Die Größen sind Funktionen von einander." Im Begriffe der Funktion liegt also eine Abhängigkeit. Man kann sie entweder so festlegen, daß man direkt erklärt, wie eine Größe von den übrigen abhängt. Man kann aber auch zwischen den Größen eine Anzahl von Gleichungen aufstellen, die aufgelöst werden müssen, um die direkte Abhängigkeit einer Größe von den anderen zu erkennen. Diese indirekte Bestimmungsart der Funktion ist viel verwickelter, wie diejenige, bei welcher eine Größe direkt durch die anderen erklärt wird.

Der Begriff der Funktion hat als Ordnungsprinzip für die Beziehungen der Größen untereinander sehr viel zur klaren Gestaltung der Mathematik beigetragen. Er hat in der Physik und in allen übrigen Gebieten der angewandten Mathematik die Übersicht über den Verlauf der Größen und über ihre Veränderungen erleichtert, und er hat dadurch dem logischen Denken neue Wege erschlossen und zur Vertiefung der Forschung beigetragen. Man hat die Abhängigkeit einer Größe von der andern auch bildlich dargestellt, und wir kennen alle die Diagramme, welche für verschiedene Zeiten die Valutaschwankungen, die Temperaturveränderungen und anderes aufzeichnen.

Die „Funktion" im mathematischen Sinne läßt sich aber auch recht oft gebrauchen, um Beziehungen im menschlichen Leben in eine kurze Form zu bringen, allgemeine Gesetzmäßigkeiten aufzudecken und Zusammenhänge nachzuweisen, welche Ordnung und Regel in die Menge von Erscheinungen bringen.

Während die Mathematiker im letzten Jahrhundert die Abhängigkeit der Größen voneinander in der „Funktionentheorie" nach allen Richtungen erforschten und festlegten, schwärmte alle Welt für Unabhängigkeit und Freiheit und bereitete jene Atomisierung der Gesellschaft vor, die im heutigen Individualismus in Erscheinung tritt und für unsere Menschheit die Auflösung und den Zerfall bedeutet. Dort, in der Mathematik, das Studium der innigen Verkettung der Größen untereinander und hier der Drang, alle Bindungen zu zerreißen und sich derselben ledig zu fühlen. Der Glaube kam immer mehr ins Wanken, daß wir alle von Gott abhängig sind und „der Wille zur Macht" suchte sich ein einseitiges funktionales Verhältnis zu den Menschen zu schaffen, ähnlich demjenigen, das Gott zu uns hat. Die Erkenntnis schwand, daß wir Menschen in unserem endlichen irdischen Leben durch eine Fülle von Beziehungen funktional verbunden sind und daß jeder in einem gewissen Momente des anderen Knecht ist. Mathematisch gesprochen gibt uns ein System von sehr verwickelten Gleichungen, deren veränderliche Größen die Menschen sind, ein Bild von diesem Zusammenhange. Unsere Aufgabe ist es, die Lösungen zu suchen, und das kann nur mit viel Mühe und Arbeit geschehen. Die Gleichungen verstehen heißt: Die Abhängigkeit der Menschen voneinander richtig einschätzen. Und nur wenn wir diese Gleichungen verstehen, können wir für uns selbst die Lösung finden. Sie gibt jedem Einzelnen seinen „wahren Wert", und er wird sich dadurch seiner Abhängigkeit von den übrigen Menschen bewußt. Die Gleichungen sprechen von Rechten und Pflichten, von Befehlen und vom Gehorsam. Kein Mensch ist so klein, daß er nicht eine Bedeutung in diesen Gleichungen hat und keiner ist so groß, daß er sich ihrem Zwange entziehen kann. Aber nicht jedermann findet die Lösungen. Wer zu hochmütig ist, um sich auf diese Abhängigkeitsbeziehungen einzulassen, wird über Menschen und Dinge stets im unklaren bleiben. Aber auch derjenige, der mit Fleiß und Gewissenhaftigkeit an die Gleichungen herantritt, kann sich zuweilen irren, und die Beschränktheit der menschlichen Kenntnisse wird nicht durch alle Rätsel hindurchdringen, welche diese Gleichungen aufgeben. Wir brauchen also hier oft der Führung durch „Berufene" und der Erfahrungen und der Mitarbeit Gleichgesinnter. G o t t a l l e i n a b e r, d e r d i e G l e i c h u n g e n g e g e b e n h a t, k e n n t d i e w a h r e n W e r t e d e r L ö s u n g e n. D a s s o l l u n s n i c h t a b h a l t e n, d i e s e n L ö s u n g e n nachzugehen, um zu der richtigen Einsicht unserer Abhängigkeit im Weltgetriebe zu kommen. Dann werden wir auch erkennen, was — im gewöhnlichen Sprachgebrauche geredet — unsere Funktion d. h. unser Amt ist, das wir erfüllen müssen.

Ich will diese allgemeinen Betrachtungen noch für einige besondere Lebenslagen näher erläutern.

Die soziale Frage steht heute inmitten unserer Zeitkämpfe wie eine Krankheitsfrage, an der mit allerlei Rezepten herumgedoktert wird. Man tut dabei so, als ob in früheren Zeiten in dem Verhältnis von Arbeitgeber und Arbeitnehmer nur Willkür und Sklaverei geherrscht habe und als ob erst die Neuzeit das unfehlbare Heilmittel entdeckt habe. Dem ist nicht so. Zu allen Zeiten standen Herr und Knecht — wie man ehedem sagte — oder Arbeitgeber und Arbeitnehmer — wie es jetzt „nobler" heißt — in funktionaler Beziehung. Es gab auch unter patriarchalischen Verhältnissen einen durch ethisch-religiöse Gesetze und Gesinnungen beeinflußten Sozialismus, bei welchem die Sorge des Herrn für den Knecht und die treue Pflichterfüllung des letzteren aus der Einsicht in die gegenseitige Abhängigkeit hervorging. Der Massenbetrieb unserer Tage und die seelenlose Aktiengesellschaft haben neue Verhältnisse geschaffen, und es läßt sich begreifen, daß es bei denselben schwerer wurde, die direkte Funktionsbeziehung zu erkennen und danach zu leben — zumal wenn die ethisch-religiöse Einstellung fehlt. So mußte durch besondere gesetzliche Maßregeln das Einverständnis bei der gemeinsamen Arbeit erzwungen werden, und man mußte den gröbsten Verstößen wehren. Aber diese äußeren Eingriffe werden auf die Dauer keinen Frieden schaffen. Wenn auch im Massenbetriebe der Zusammenhang zwischen dem letzten Arbeiter und dem ersten Direktor nicht mehr — wie in der patriarchalischen Wirtschaft — ein persönlicher ist, so ist doch von Stufe zu Stufe die gegenseitige Abhängigkeit sichtbar. Kommt diese allen Beteiligten zum Bewußtsein und wird sie ihnen zur Gewissenspflicht, so kann von innen heraus das ganze Werk, das gleichsam eine Funktion, d. h. eine Kette von Abhängigkeiten darstellt, gesunden und gedeihen. Anders nicht.

Noch ein Beispiel — die Familie. Mann, Frau, Kinder und Hilfskräfte bilden in ihrer Gesamtheit eine Funktion, bei welcher alle Glieder durch besondere Abhängigkeitsbeziehungen verbunden sind. Sie sind zum Teil wie die heilige Ehe, das Dienstbotenverhältnis u. a. durch Verträge geordnet, deren jeder einer definierenden Funktionsgleichung analog ist. Andere Abhängigkeiten werden durch göttliches Gebot, Sitte und Natur gegeben. Es liegt also — mathematisch gesprochen — ein ganzes System von Bedingungsgleichungen vor und die Gesamtfunktion — das Familienleben — kann nur dann einen harmonischen Verlauf nehmen, wenn jedes Glied der Familie sein funktionales Pflichtenheft gewissenhaft erfüllt. Treue, Liebe, Gehorsam, Pietät, Fleiß u. a. sind dabei die Bindeglieder der Funktionsgleichungen. Die mathematische Ethik — wenn ich so sagen darf — ist befriedigt, wenn alles klappt und stimmt. Sie empfindet die Störungen und Abweichungen von den vorgeschriebenen Gesetzen wie einen Schmerz. Sie steht also ganz im Einklang mit dem, was das Leben von der Familie verlangt und mit dem, was von ihm als Störung des Gesetzes — d. h. als Sünde — peinlich empfunden wird. Nur ist vielleicht die Mathematik in ihrem Urteile etwas strenger als das Urteil der Menschen, denn sie kennt bei gegebenen Funktionsgesetzen nicht jene Weitherzigkeit, bei der man es bald so und bald auch anders machen kann. Nach mathematischer Methode läßt sich das zwingende „Muß" nicht einfach umgehen, und die Abweichungen vom Funktionsgesetz führen auf Abwege und Unstetigkeiten in der Mathematik wie im Leben.

---

## Relativität.

Ich will nicht von der Theorie reden, die sich an den Namen „Einstein" knüpft. Sie ist zwar in aller Mund, aber als Mathematiker weiß ich, daß die wenigsten Menschen sie verstehen können und daß sie ihre Verbreitung und ihren Ruf in erster Linie dem großen Lärm verdankt, den eine eifrige Presse darüber machte. Die wenigen Gelehrten, die kompetent sind, in der Sache mitzusprechen, sind keineswegs über die Tragweite und die Richtigkeit der Theorie und über ihre Folgerungen einig. Wer einen Einblick in gewisse Teile der mathematischen Physik hat, freut sich über Vereinfachungen bestimmter Gleichungsgruppen, als einer Folge der Annahmen von Einstein. Davon versteht die große Masse erst recht nichts. Trotzdem laufen unzählige Bücher und Büchlein in der Welt herum und wollen die Relativitätstheorie „popularisieren". Die großen Auflagen der Schriften beweisen, daß sie gekauft werden und zeigen, wie eine kräftige Reklame wirken und dem Volke Dinge aufschwätzen kann, von denen es herzlich wenig erfaßt. Immerhin wird mit der Sache Geld verdient und das ist ja in unserer Zeit der Zweck des Daseins. Und es nimmt sich auch schön aus, wenn man sagen kann, daß auf diesem Wege „Bildung" in das Volk gebracht und die „Kultur" gehoben werde. Aber um die ernsthafte Theorie ist es schade, die man den Verstehenden überlassen sollte. Also — von der Einsteinschen Relativitätstheorie will ich nicht reden und ebensowenig von dem Satze, den Spengler in seinem Buche: „Über den Untergang des Abendlandes" an die Spitze seiner Betrachtungen stellt. Da heißt es nämlich: „Es gibt keine ewigen Wahrheiten." Alles ist relativ. Ich will nur bemerken, daß der Göttinger Philosophieprofessor Nelson in seinem Buche: „Spuk" in köstlicher Ironie diesen Satz als Zirkelschluß widerlegt. „Entweder — so heißt es — will dieser Satz selbst eine ewige Wahrheit sein oder er ist es nicht. Im ersten Falle widerspricht er sich selbst. Meint Spengler aber nur, daß es nach der Ansicht unserer Zeit keine ewige Wahrheit gebe, so gibt es eine ewige Wahrheit, nämlich die, daß unsere Zeit der Ansicht ist, daß es keine ewige Wahrheit gibt. Der fragliche Satz setzt also schon die Möglichkeit einer ewigen Wahrheit voraus. Auch da bleibt der Widerspruch und damit die Sinnlosigkeit der Ableugnung einer ewigen Wahrheit bestehen." Ich will also auch nicht von dieser Spenglerschen Relativität reden, zumal da ich an eine objektive Wahrheit glaube. Ich will nur an einfachen Dingen zeigen, daß in unserer Zeit zwar alle Welt von der Relativität spricht und damit den allgemeinen Skeptizismus begründet, daß aber die wenigsten Menschen einen Sinn für das Relative im praktischen Leben haben und daher tausend Irrtümer begehen.

In der Mathematik versteht man unter Relativität das Verhältnis von zwei bestimmten Größen derselben Art, d. h. von zwei benannten Zahlen. Diese liefert die Beobachtung im praktischen Leben. Wird dieselbe systematisch betrieben, so redet man von der Statistik. Ein boshaftes Wort sagt zwar, daß man mit der Statistik alles beweisen kann, und ein geistreicher Franzose hat von der Statistik als der Wissenschaft gesprochen, die immer lüge. Aber die Statistik an sich lügt nicht und erreicht vielleicht nur eine beschränkte Genauigkeit in ihren Zahlen. Dagegen lügen die Menschen häufig, wenn sie mit der Statistik arbeiten; sei es, daß sie die Zahlen nicht richtig lesen, sei es, daß sie mit denselben Dinge beweisen wollen, die sie auch ohne Statistik *glauben*. Um die Zahlen richtig zu verstehen, bedarf es der Relativität. Eine absolute Zahl allein begründet nie ein Urteil. Reden wir z. B. vom Millionär als von einem reichen Manne, so stützen wir uns stillschweigend bei dieser Wertung auf die weit unter einer Million liegende Geldsumme, mit welcher der Mensch die nötigsten Bedürfnisse des Lebens befriedigen kann. Diese

Summe ändert sich mit der Zeit und dem Ort, und so ist der Begriff des Reichtums etwas sehr Relatives. Auch die Zahl, welche uns in einem historischen Zeitpunkt und an einem bestimmten Orte die Kaufkraft für die nötigen Lebensbedürfnisse gibt, ist selbst wieder das Resultat aus Reihen von Vergleichen statistischer Zahlen. Dieses sehr einfache Beispiel beweist, wie sich bei einer gewissenhaften Urteilsbildung Relativitäten auf Relativitäten häufen und wie wenig sich der Mensch oft der Schwierigkeiten bewußt ist, die für einen richtigen Schluß zu überwinden sind. Wird dann mit solchen Urteilen, welche ohne diese Überlegungen gefunden und daher unrichtig sind, weiter gearbeitet, so kann man begreifen, daß wir stets in einer Wolke von Verkehrtheiten leben und daß es der größten Mühe bedarf, um über dieses Nebelmeer hinaus auf die Höhe zu gelangen, wo die Sonne der Wahrheit strahlt.

Am häufigsten sind wir falschen Meinungen ausgesetzt, wenn wir leichthin verallgemeinern und unsere Ansicht auf wenige Fälle stützen und die Gesamtheit der Möglichkeiten nicht beachten. Wir hören z. B. von einer Anzahl von Grausamkeiten, die — wenn die Statistik zuverlässig war — von den Angehörigen einer Nation im Kriege begangen werden. Die Nation ist durch diese Zahlen für uns gerichtet und steht tief in der Reihe der Völker. Es fällt uns dabei nicht ein, diese Zahlen mit denjenigen in Beziehung zu setzen, welche die Gesamtheit der Angehörigen dieses Volkes angibt. Und man denkt nicht daran, den auf diese Weise gewonnenen Prozentsatz von Verbrechern mit demjenigen anderer Nationen zu vergleichen, über deren Kulturhöhe man eine gute Meinung hat. So kommt man zu falschen Urteilen, die unheilvoll sind. Oder man hat da und dort unsympathische Gäste getroffen. Sie sind vielleicht Angehörige aus allen Schichten eines Volkes, das in Masse in der Welt herumläuft. Dann ist man schnell mit seinem Urteil fertig und vergißt, daß diese unliebsamen Exemplare einen verschwindenden Teil der ruhig reisenden Personen desselben Volkes vorstellen, von dem uns die lärmenden und großsprecherischen Maulhelden besonders auffallen. An der Mehrzahl der feinen und gebildeten Bürger geht man achtlos vorüber. Für andere Völker, die kaum außer Landes gehen oder nur ihre oberste Schichte senden, hat man eine rühmende Note. Man gibt sich nicht die Mühe, den relativen Zahlen nachzugehen. Daher urteilt man falsch. Der Weltkrieg hat gezeigt, welchen bedauerlichen Einfluß derartige irrige Ansichten, die um zahlreiche weitere vermehrt werden könnten, auf die Stellung der Völker zueinander hatten. Wenige und unzuverlässige Eindrücke und Zahlen, unrichtige Kombinationen, ein gutes Stück Gedankenlosigkeit und Mangel an mathematischem Sinne tragen viele Schuld an dem Hasse, der jetzt noch die christlichen Völker und die Welt nicht zur Ruhe kommen läßt.

Bedenklich und traurig ist es, wenn dieser mathematische Defekt, der uns so oft das Gesetz der Relativität vergessen oder unrichtig anwenden läßt, mit mehr oder weniger bewußter Absicht immer wieder benutzt wird, um die Menschen zu täuschen und zu übervorteilen.

Viel ist da über unser *Reklamewesen* zu sagen.

Wir haben uns aber so an seinen Lügengeist gewöhnt, daß wir die vielen Unwahrheiten, die uns tagtäglich vorgesetzt werden, gar nicht mehr bemerken. Nehmen wir z. B. einen großen Teil der literarischen Anpreisungen — besonders von Bücherfabriken, die unzweifelhaften und leider meistens auch unangefochtenen Schund fabrizieren! Da sind der „besten" Bücher so viele, daß man gar nicht weiß, wo die weniger guten bleiben. Und welche Fülle des Lobes und Ruhmes von allerlei Ware wird täglich über die Inseratenfelder ausgegossen, um sie fruchtbar zu machen! Man preist die Dinge, um sie zu verkaufen und macht sich weiter keine Gedanken darüber, daß ein Werturteil nur durch Vergleichung verschiedener Objekte derselben Art gewonnen werden kann. Auf den Kinostil will ich kurz hindeuten. Er scheint für Menschen berechnet, welche nur durch das „Schönste, Größte, Beste" befriedigt werden. Da muß man schon mit ganz großen Buchstaben ankündigen und mit lauter Superlativen sich Gehör verschaffen und die große Trompete blasen, um gehört zu werden.

Endlich noch ein Wort von der Politik und dem Mißbrauch, der da mit der Relativität getrieben wird, indem man sie fälscht oder da nicht verwendet, wo sie notwendig am Platze wäre.

Der Parlamentarier, der vielleicht in seiner Partei einen kleinen Bruchteil der Gesamtheit aller Bürger vertritt, kann auf der Rednerbühne mit vollen Brusttönen der Überzeugung von seiner Ansicht als derjenigen des ganzen Volkes reden und tun, als ob gar keine andere Meinung möglich wäre. Er gebärdet sich wie die lebendige Volksseele, bis ihn die Abstimmung über die Relativität seiner Partei belehrt — oder belehren könnte; aber er verlangt gar nicht nach dieser Einsicht und wird sich bald wieder als Sprachrohr des Volkes bemerkbar machen. Was müssen wir alles bei den Wahlkämpfen über uns ergehen lassen, bei denen nur die „Wägsten und Besten" würdig sind, durch das enge Tor einzugehen und bei denen es oft von dieser Auslese der Männer ordentlich wimmelt! Sonst sieht man nie so viele beisammen! Und schließlich macht die Masse die „Qualität".

Über allen diesen gepriesenen Menschen, welche in der Politik eine hervorragende Rolle spielen, steht aber die öffentliche Meinung, die alles beherrscht. Sie ist der Tyrann, gegen den nicht aufzukommen ist. Ich wundere mich oft über die Fixigkeit, mit welcher die ungenannten Depeschenschreiber diese öffentliche Meinung ermitteln. Ich bin darüber nie klar geworden, ob sie die Ansicht derer ist, welche von der Sache, um die es sich handelt, etwas verstehen, oder ob da alle mitreden, welche das Stimmrecht haben. In beiden Fällen hätte der Mathematiker große Mühe, diese Zahlen zu ermitteln und die Relativität herauszurechnen. Aber ein moderner Reporter von einiger Schneidigkeit ist bei diesem Rechenexempel nicht verlegen. Er kabelt ein Ereignis von Newyork nach Europa und läßt ihm schleunigst die „öffentliche Meinung" folgen. Humorvoll wird die Sache, wenn z. B. gleichzeitig mehrere „öffentliche Meinungen" — z. B. in Amerika — am Werke sind, um in aller Geschwindigkeit eine „öffentliche Meinung" in Europa zu machen. Leider darf man in unserer demokratischen Zeit über solche Dinge nicht lachen, sondern man muß sie bitter ernst nehmen. Die „öffentliche Meinung" stellt vielleicht nur den Willen oder das Diktat von wenigen Unbekannten vor, die nicht gekrönt, aber in ihrer Verborgenheit um so mächtiger sind und über Glück und Unglück der Völker entscheiden. Da dient dann die Redensart, welche mit dem Worte „öffentliche Meinung" dem Publikum die Ansicht der Mehrzahl vortäuscht, nur dazu, um dem Regimente von wenigen eine demokratische Fassade zu geben.

Wo wir also auch dieses Kapitel der Relativität im praktischen Leben anfassen — und es ließe sich darüber ein Buch schreiben — immer wieder stoßen wir auf falsche Verhältniszahlen, auf Irrtümmer, Gewohnheitslügen, Täuschung und Betrug. Diese bemühende Tatsache findet ihre Erklärung und zuweilen ihre Entschuldigung darin, daß ein impulsives Wollen des Menschen sehr oft den logischen Denkapparat ausschaltet oder aber auch, daß dieser Mechanismus zu schwach ist, um die verwickelten Probleme des modernen Lebens zu bewältigen. Dazu kommt, daß immer weniger Menschen die Einsicht in diese Begrenztheit ihrer Logik haben und daß die Zahl derer wächst, welche mit ihrem sogenannten „gesunden Menschenverstand" sich an die höchsten Lebensaufgaben heranwagen. Göttliche und menschliche Führung ist ihnen verhaßt, absolute Wahrheiten wollen sie nicht gelten lassen. Die Weisheit der Erfahrung und der Tradition ist ihnen verächtlich gemacht worden. So entbehren sie jeder Hilfe und Stütze und verfallen in Trug und Wahn und Abgötterei, deren letzte Form der Glaube an die eigene Göttlichkeit ist. Diese muß sich natürlich nicht mehr damit plagen in ängstlicher Weise nach mathematischer Methode aus der Relativität von Zahlen ein Urteil abzuleiten, das der Wahrheit nahe kommt. Trotzdem hoffe ich, daß immer noch einige Menschen den mathematischen Weg gehen wollen, und es wird mich freuen, wenn ich ihnen durch meine kurze Skizze als Wegweiser gedient habe.

---

## Der Koeffizient.

Wenn der Ingenieur seine Brücken und der Mechaniker seine Maschinen berechnet, so geht er von gewissen Annahmen aus, welche sich aus vielen Naturbeobachtungen ergeben haben und als physikalische Gesetze betrachtet werden. Sie sind nur Hypothesen und geben im besten Falle einen Näherungswert für das wirkliche Naturgeschehen. Sie werden durch Forschungen verbessert, gelegentlich auch durch überraschende Experimente umgestoßen; aber die ganze Wahrheit geben sie nicht. Dazu kommt, daß die Bodenverhältnisse, z. B. bei Anlage einer Brücke, außerordentlichen Elementarereignissen ausgesetzt sind. Und die Struktur des Materials, welche von der Welt des unendlich Kleinen, von dem Kreislauf der Moleküle abhängt, ist ebenfalls Veränderungen aller Art unterworfen, die wir nicht absolut sicher in Rechnung setzen können. Hat also der Techniker nach bestem Gewissen seine Werte gefunden, von denen die Ausmessungen der Träger, Maschinenteile usw. abhängen, so wird er als vorsichtiger Mann, auf dem die Verantwortung für die Sicherheit des Werkes ruht, seine berechnete Größe mit einer bestimmten Zahl multiplizieren, die er den Sicherheitskoeffizienten heißt. Dann hofft er ruhig schlafen zu können und gewiß zu sein, daß der Träger nicht unter seiner Last zusammenbricht und daß der Dampfkessel den Druck aushält. Der Sicherheitskoeffizient verwandelt den theoretischen Wert in den praktischen Gebrauchswert.

Übertragen wir diese Methode des Ingenieurs auf das Leben, so wird sie uns brauchbare Resultate und Urteile geben und uns vor vielen Enttäuschungen, Sorgen und Vorurteilen bewahren. Wir werden uns in tausend Fällen nicht mehr aufregen und ereifern, wenn wir scheinbare Tatsachen, Behauptungen und Theorien mit dem richtigen Koeffizienten multiplizieren. Freilich nimmt der Techniker solche Koeffizienten nicht aus der Luft. Sie sind vielmehr durch Erfahrungen begründet, haben ihre Geschichte und gehören zu dem Forschungsgebiete spezieller Zweige der Technik. Analog werden wir auch im praktischen Leben diese Koeffizienten nicht aus dem Ärmel schütteln, sondern nur durch aufmerksame Beobachtung und Erfassung der Menschen in ihren verschiedenen Lebenslagen und Lebensäußerungen gewinnen können.

Ich betrachte einige dieser Koeffizienten. Tagtäglich müssen wir eine Menge von Depeschen und Nachrichten lesen, und eine naive Theorie sagt uns vielleicht, daß alle diese Berichte wahr sein müssen, weil sie gedruckt sind und vielleicht eine alte, bekannte Depeschenfirma oder das gewichtige Wort „offiziell" tragen. Der Krieg hat diese Meinung gründlich zerstört. Die besten Quellen und die höchsten „Offiziellen" versagten und haben Falsches berichtet, sei es mit Bewußtsein oder ohne Absicht. Der Wortlaut ihrer Drahtberichte mußte recht oft mit kleinen echten Brüchen multipliziert werden, um aus den schönen Worten ein Gran von Wahrheit herauszulesen. Es ergaben sich daraus eine ganze Anzahl von Zeitungskoeffizienten und der Historiker, welcher sich mit der Geschichte der letzten zehn Jahre befaßt, wird deren immer mehr brauchen und sich dafür Tabellen anlegen müssen. Mehr als früher achtet unsere Zeit auf die nationalen Koeffizienten und da geben uns schon die verschiedenen Sprachen Anlaß zu allerlei Korrekturen, um den wahren Wert zu finden. Der Romane, dessen oratorische Beredsamkeit heute noch den Geist Ciceros atmet, kann ganz anders wie der Angelsachse oder Deutsche seine Gedanken durch Worte verbergen und diesen einen blendenden Schein geben, der oft verwirrt. Wir wollen daraus keinen Vorwurf machen, denn jeder spricht „wie ihm der Schnabel gewachsen ist", und jedes Volk „hat seine Art zu reden". Wenn also dem Germanen die romanischen Worte süß und lieblich tönen und wenn er durch die Jahrhunderte hindurch den Trieb nach dem sonnigen Süden hatte, so mag er sich dessen freuen. Er soll aber seinen „Sprachkoeffizienten" nicht vergessen und mit Hilfe desselben die Worte auf ihren wahren Wert bringen. Und wir in der Schweiz brauchen diesen Koeffizienten manchesmal im umgekehrten Sinne wie bei den Romanen, wenn wir aus der kargen und zurückhaltenden Rede das tiefere Empfinden erkennen wollen, das sich hinter der Rede verbirgt.

Sehr wichtig ist der Geldkoeffizient. Der reine Materialist wird vielleicht sagen: Ein Franken ist ein Franken, daran läßt sich nichts ändern. Je mehr man davon hat, um so besser ist es und die Millionen und ihre Besitzer sind immer achtenswerte Objekte. Wer so redet, kennt nur den Rohwert oder den brutalen Wert des Geldes und seine Kaufkraft. Er weiß nichts vom „Betrug des Reichtums", und der innere moralische Wert des Geldes ist ihm ein verschlossenes Geheimnis. Um ihn zu finden, muß man den Rohwert mit einem Koeffizienten multiplizieren, der sich aus der Geschichte des Besitzers ergibt. Wir möchten für diesen Zusammenhang das Gesetz aufstellen, daß jeder Franken, den jemand erworben hat, von der Art des Erwerbes beeinflußt ist. Diese gibt dem Gelde einen Koeffizienten des Segens oder Fluches. Das Leben gibt für diese ideale Mathematik vielfache Bestätigung. Wir sehen merkwürdige Wandlungen im Besitze, die vom Segen oder Unsegen kommen. Das Volk sagt: „Redlich verdientes Geld bringt Glück und Zufriedenheit; ungerecht Gut vergeht." Der geizige Vater hat „Geuder" in seinen Kindern und der Spekulant findet gewöhnlich einen mächtigeren Gegner. Wer aber mit seinem rechtlich erworbenen Kapital Gutes tut, sich Freunde macht, der vergrößert seinen Wert. Des Vaters Segen, so lehrt ein Sprichwort, baut den Kindern Häuser. Freilich scheint es oft anders zu sein. Wir sehen, daß der Protz gedeiht und daß der Arme über sein kärgliches Gut nicht hinauskommt. Aber wir urteilen in solchen Fällen vielleicht einseitig, weil wir unsere Beobachtungen nicht über Generationen ausdehnen oder weil wir die innere Gesinnung, welche zur Erwerbung des Geldes antrieb, nicht kennen. Und auf die kommt es an! Der Arme kann hartherziger und geldgieriger sein als der Reiche. Mit dem Reichtum kann Gebefreudigkeit verbunden sein, die Segen bringt. Ich möchte daher doch das aufgestellte Gesetz als eine gute Hypothese für die Regulierung des ethischen Geldwertes betrachten. Leider vergessen die Menschen gewöhnlich dieses Gesetz bei ihren Handlungen und bei der Einschätzung der Mitmenschen. Es könnte vielem Hochmut und vielem Neide steuern und eine neue Einsicht in die sozialen Verhältnisse bringen. Dieser Koeffizient des Segens oder Fluches ist automatisch wirksam und sorgt im Laufe der Zeit besser für die Ausgleichungen des Besitzes als es Gesetze tun würden, welche rohe Zwangsverschiebungen des Kapitals anstreben. In unseren Tagen könnte man von einem besondern „Schieberkoeffizienten“ reden, welcher hoffentlich den erhamsterten Reichtümern bald ihre Korrektur geben wird, und jetzt schon die Träger solches Besitzes in weiten Kreisen mit Verachtung straft. Die Kapitalien der Spekulanten werden bleibenden Wert kaum haben.

In der Struktur der Gesellschaft, die trotz aller moderner Theorien aus verschiedenen Schichten besteht, muß der rohe Geldwert mit einem Standeskoeffizienten vervielfältigt werden, um den Gebrauchswert zu geben. Die Schichte, in welcher der Mensch geboren wird und aufwächst, und der Stand, in dem er arbeitet, bedingen Verpflichtungen und eine Lebensweise, welche dem Gelde die entsprechenden inneren Werte gibt. Sie hängen mit den Anforderungen zusammen, welche die Gesellschaft an den Menschen je nach seiner Stellung machen muß. Und wenn neue Zeiten große Umschichtungen bringen, so werden damit die Schichten nicht aufgehoben, wie Illusionisten oft meinen, sondern es treten neue Menschen in die alten Stände ein. Das Aufsteigen in eine höhere Schichte bringt eine Änderung des Geldkoeffizienten mit sich. Wächst das Einkommen, so wird der Geldkoeffizient kleiner, der Franken nimmt seinem wahren Werte nach ab, der größeren Summe entspricht ein größerer Verbrauch und das Produkt aus beiden Faktoren bleibt ungefähr gleich. Berücksichtigen wir dies bei der sozialen Wertung des Menschen, so wird dadurch eine Milderung der Gegensätze hervorgebracht. Manches scharfe Urteil über die Mitmenschen verliert dann seine Berechtigung und fällt dahin und wir kommen der Lösung der sozialen Frage näher.

Jeder Mensch hat aber nicht nur seinen angeborenen Koeffizienten, der mit seinen Vorfahren, seiner Schichte und seiner Umgebung zusammenhängt, sondern auch einen persönlichen Koeffizienten, den er durch seine Taten, sein Temperament, seinen Beruf und anderes erwirbt. Mit diesen Koeffizienten muß man die Äußerungen und Handlungen des Menschen belasten, um seinen wahren Wert zu erkennen. Die Worte des Großsprechers sind mit einem echten Bruche zu vervielfältigen. Solche Menschen versprechen mehr als sie halten. Die Aussagen von ernsten und stillen Leuten, hinter denen mehr steckt als man glaubt, sind mit einem Koeffizienten zu behaften, der größer als die Einheit ist. Dieser besondere persönliche Koeffizient gilt für ganze Gegenden, Gauen und Völker. Der Kenner weiß gut, wo die Menschen mit dem großen Mundstück zu Hause sind und wo die herben, wortkargen und schwerfälligen Leute wohnen. Bringt er bei seinem Werturteil die entsprechenden Berichtigungen an, so wird er die Menschen leicht nach ihrer Art erfassen und verstehen.

Von großer Bedeutung ist der Handelskoeffizient. Ich brauche jetzt nicht viel davon zu sagen, da jedermann seine Einflüsse auf die Valuta kennt. In normalen Verhältnissen ist dieser Koeffizient bei gleicher Ware für den Käufer und Verkäufer verschieden und drückt sich im Börsenzettel als Geld oder Brief aus. Nachfrage und Angebot bedingen diese Verschiedenheit. Aber auch jede Ware hat zu einer bestimmten Zeit ihren Koeffizienten. Berechnen wir den Fabrikationswert, so muß derselbe mit einer Zahl multipliziert werden, welche dem Verkaufswerte entspricht. Die Bestimmung dieses Koeffizienten, der vom Zwischenhandel, der Reklame, dem Risiko und oft auch von schwindelhaften Faktoren abhängt, ist nicht leicht und erfordert in jedem einzelnen Falle besondere Berechnungen. Im allgemeinen kann man nur sagen, daß die modernen Handelsmethoden mit ihren Reklamen und dem Konkurrenzkampfe diesen Koeffizienten leider oft sehr vergrößern. Theoretiker möchten diesen Koeffizienten durch staatliche Maßnahmen, Sozialisierungen und andere künstliche Mittel möglichst nahe der Einheit bringen und dem Käufer die Ware für den Fabrikpreis anbieten. Wir fürchten, daß auf diesem Wege, der die Konkurrenz ausschaltet, viele Motive, welche den Menschen zur Arbeit, zu Fleiß, zu Erfindungen und Verbesserungen antreiben, dahinfallen. Der Dampf wird aus der Maschine genommen, welche die Industrie vorwärts bringt, und diese bleibt stehen und zerfällt.

Es würde uns zu weit führen, wenn wir alle Fälle zusammenstellen wollten, in denen der mathematische Ausdruck „Koeffizient" gestattet, das praktische Leben auf eine exakte Form zu bringen. Wir werden immer sehen, daß die richtige Bestimmung und Anwendung solcher Koeffizienten uns viel Ärger, Mühe und Enttäuschungen ersparen wird. Wir werden uns bei unserem Tun weniger irren, im Umgange mit den Menschen diese richtiger beurteilen und den wahren Wert der Dinge leichter erkennen. Und wenn wir müde werden im Getriebe dieser Welt, bei welchem Eigennutz, Geldgier, Leidenschaft und eigene Schwachheit so oft die Räder treiben, so wollen wir uns an den religiösen Koeffizienten erinnern, mit dem wir unser irdisches Dasein multiplizieren müssen, um seinen Wert, seine Freuden und Leiden im Lichte einer höheren Welt, nach der sich unsere christliche Seele immer mehr sehnen soll, recht zu verstehen.

---

# Der Maßstab.

Einer meiner verehrten Lehrer — es war Professor Culmann, der Schöpfer der graphischen Statik — konnte sich über nichts so aufregen, als wenn ein Studierender des Polytechnikums seinen fertigen Plan abgab und vergessen hatte, dazu einen Maßstab zu zeichnen. Das war eine Sünde gegen den heiligen Geist der Technik! Unserer Zeit, welcher der Begriff der Sünde leider etwas „altmodisch" erscheint, mag diese „Sünde" des fehlenden Maßstabes merkwürdig vorkommen. Man hat so viele Maßstäbe zum alten Eisen geworfen und so viele verbrannt, die gestern noch für unfehlbar galten, daß man anfängt auf die Maßstäbe keinen großen Wert mehr zu legen. So gleichen nun Millionen von Menschen jenem Polytechniker, der keinen Maßstab für seine Konstruktionen beigefügt hatte und dadurch die Brauchbarkeit seiner Zeichnung in Frage stellte. Immerhin darf man wohl annehmen, daß der angehende Ingenieur so klug war, seinem Plane einen und *nur einen* Maßstab zugrunde zu legen.

Heute vermissen wir vielfach auch diese Klugheit. Der Mensch will frei sein und sich nicht binden. Ein Maßstab legt Zwang auf, sieht leicht wie Dogma und Lehre aus und erinnert an das Mittelalter. Also fort damit! Man findet es nützlicher, einträglicher und weniger anstoßend nach oben und nach unten, wenn man sich allen diesen Beschränkungen gegenüber recht viel Freiheit vorbehält und über die vielen Maßstäbe, die in der Welt gebraucht werden, sehr *liberal* denkt. Dann kann man sich denen anpassen, die gerade Mode sind und von den „führenden" Geistern, Zeitungen und der öffentlichen Meinung kanonisiert werden — bis wieder neue Maßstäbe an die Reihe kommen. Man war z. B. in Deutschland gut kaiserlich, blickte nach oben, von wo es Ehren und Würden regnete, und legte „höfische" Maßstäbe an. Sobald sich das Rad der Geschichte drehte, sah man nach unten und wurde demokratisch und republikanisch bis auf die Knochen und machte vielleicht auf diese Weise seine Geschäfte. Oder man schwor auf Haeckel und seine Lehren, schaffte Gott ab, setzte sich auf die Bank der Spötter und wurde ein „Intellektueller", der im Geschehen der Welt nur die rücksichtslose Auswirkung von Stoff und Kraft sah. Als dann dieser rohe Materialismus doch vielen Gebildeten zu sinnlos und gemütlos wurde, fiel man irgendeinem „Propheten" in die Hände, vielleicht einem, der selbst einstens zu den Füßen Haeckels saß und die Uratome suchte. Nun mißt er die Welt „im Sinne der Geisteswissenschaften" aus, redet mystisch und löst das Leben in einen Rhythmus auf, zu dem der „vergottete" Mensch unbewußt in seinem Unterbewußtsein den Ton angibt und die Musik macht. Wer sie hört, wird in die Harmonie der Sphären entrückt und kommt in die Schar der Auserwählten, die neue Sinne erhalten und wunderbare Dinge sehen und erleben. Ich gönne ja allen, die sich solchen Maßstab auswählen, ihre Freude und bekenne, daß sie immerhin auf besseren Wegen sind, als diejenigen, welche der „Kraftstoffelei" nachlaufen und durch ihre Theorien ihre eigenen Seelen und diejenigen ihrer Anhänger totschlagen und schließlich unter die Räder eines eisernen Geschicks geraten. Daher gefallen mir auch jene Philosophen, die noch eine Seele haben, besser als die Spintisierer, denen Eros den Maßstab reicht, und welche überall nur die Regungen sexueller Lust sehen, die sich als Krankheit auswirkt, wenn Hemmungen auftreten. Die Verfechter dieser Idee wollen den Menschen helfen und sehen in derselben fast etwas wie eine neue Weltanschauung, einen neuen Weg zum alten Christentum. Sie irren aber oft bei allem dankenswerten Versuchen darin, daß sie nach Art vieler Spezialisten überall ihre Spezialität als Grund der Leiden zu sehen glauben und die Erotik in Verhältnisse hineintragen, die ihr fremd sind. Eine andere Gruppe von „Heilern" empfehlen den biblischen Maßstab in der Aufmachung, die ihm ein energisches amerikanisches Frauenzimmer gegeben hat. Sie erklären mit der Sünde die Krankheit für abgeschafft, und ihre Anhänger überwinden wohl mit dem Glauben an die „Mutter Eddy" manche eingebildete Krankheit. Ob aber diese Lehre dem Ernste des Lebens und der Tatsache eigener und fremder Sünde standhält, das scheint zweifelhaft.

Damit haben wir einige philosophische Maßstäbe aus der Fülle derjenigen herausgegriffen, die in den letzten zwei Menschenaltern als Ersatz für die alten überlieferten angeboten wurden und abwechselnd von den Suchern nach neuen Wegen gebraucht wurden. Mancher Mensch konnte sich eben doch der Einsicht nicht verschließen, daß es ohne einen Maßstab nicht gehe, wenn der Mensch über das Tier hinauskommen und mehr verlangen wolle, als die Betätigung der Funktionen, die er mit dem Tiere gemein hat.

Auf die politischen Maßstäbe wollen wir uns nicht näher einlassen. Die alten historischen sind bekannt und haben an Bedeutung verloren. Von den vielen, an denen jetzt gearbeitet wird, weiß man noch nicht recht, ob sie je fertig werden und ob man sie dann brauchen kann. Manche sind nur Projektionen auf ein Blatt Papier aus einem Hirne, das leer ist. Sie haben wenig Aussicht auf Verwendbarkeit, denn sie halten sich nicht an die Dinge, die wirklich zu messen sind. Diese geben aber die Grundlagen für einen rechten Maßstab ab. Der aktive Politiker steht der Vielgestaltigkeit des Maßstabes oft verlegen gegenüber und er bedarf aller Klugheit, um zu einer Einsicht zu gelangen, welche bei dieser Verwirrung zum Ziele führt. Er sollte sich den verschiedenen Maßstäben anpassen und darin besteht die Kunst jeder Politik, aber auch ihre Gefahr. Die rechte Hand des Politikers, der Mann mit der guten Feder, muß diese Kunststücke mitmachen. Er hat es zwar leichter, denn er steht nicht in den vorderen Reihen wie der aktive Politiker, fällt nicht mit ihm und leiht seine „rechte" Hand auch dem Nachfolger.

Es ist unnötig, daß ich diese Musterkarte philosophischer und politischer Maßstäbe noch vermehre und auf ihre Mangelhaftigkeiten hinweise. Der Leser mag selbst diese Gedanken weiterspinnen. Nur einen Maßstab möchte ich noch nennen, der heute beinahe alle übrigen ersetzt hat und fast die Alleinherrschaft beansprucht. Ich meine das Geld. An sich bleibt es ein vorzügliches Mittel beim Austausch von Waren und von Besitz. Es wertet die Arbeit, belohnt erfüllte Pflicht, spornt zum Fleiße an, fördert Ordnung und Sparsamkeit. Es verleiht dem Menschen eine gewisse Freiheit, hebt ihn über den primitiven Urzustand hinauf, sichert ihm in Zeiten von Krisis, Krankheit und Alter die Notdurft des Lebens und ist die Voraussetzung für jedes höhere geistige Wollen. Es ist fast lächerlich, daß man heute auf diese Wahrheiten hinweisen muß. Aber moderne Sinnverwirrung hat sich so weit von den Tatsachen unseres wirtschaftlichen Lebens entfernt, daß die organisierende Rolle des Geldes ganz vergessen wird. Das Geld als Wertmesser für viele Dinge ist nötig, und wenn es keines gäbe, müßte man einen neuen Maßstab erfinden. Und doch redet man vielfach in einseitiger Weise von der Abschaffung des Geldes und verspricht sich von einem solchen Schritte allerlei Wunder. Die merkwürdigen Schwärmer, die solche Neuerungen anstreben, gleichen Leuten, die gerne einen Acker von 100 000 Quadratmetern hätten, und weil sie ihn nicht haben können, donnern sie gegen die „kapitalistische" Erfindung des Metermaßes. Dieses Reden hat ebensowenig Sinn, wie dasjenige gegen die ungleiche Verteilung des Geldes. Alles in der Welt ist ungleich verteilt — Kohle und Kohlenstoff, Sauerstoff und die chemischen Elemente insgesamt — und doch einigen sich diese Dinge zu dem wunderbaren Bau organischer Wesen. Und was in der Natur geschieht, sollte doch auch in der Struktur der Gesellschaft bei den Menschen möglich sein.

Nun weiß ich freilich und sehe mit Bedauern, daß das

Geld in unseren Tagen eine unheilvolle Rolle spielt. Daran ist aber weder das Geld schuld noch seine ungleiche Verteilung. Die Schuld tragen die Menschen, die es zum Maßstabe aller Dinge machten. Ehre, Würde, Ansehen und vieles andere wird nur am Gelde gemessen und ist nicht selten für Geld zu haben. Die alte Gliederung der Gesellschaft, bei der Tradition, Herkommen, Vererbung und allerlei Imponderabilien ein Gegengewicht gegen das Geld bildeten, ist erschüttert. Die Feinde dieses Organismus bekämpfen ihn mit demokratischen Worten und demokratischem Schein und haben so der reinen Geldwirtschaft die Wege geebnet. Weil in ihr nur das Geld herrscht, ist auch die Gier nach Geld ins Maßlose gewachsen und wird durch seine Entwertung noch gesteigert. Dieses Jagen nach Geld hat alle Schichten ergriffen, den Bauer und den Arbeiter, ebenso wie den Kapitalisten und Bankbesitzer. Auch das Predigen gegen den Kapitalismus schützt den Redner nicht vor dieser Geldgier, durch welche der Mensch das Edelmetall vergiftet. Wir sind da alle schuldig, soweit wir nicht dagegen protestieren, daß das Geld zum Maße aller Güter — auch der geistigen — werde, und solange wir im Menschen nur seinen Besitz verehren und seinen Wert nach der Größe seines Geldsackes beurteilen. Die Methode ist ja nicht neu und wir lesen schon in der Bibel, daß die Juden um das goldne Kalb tanzten. In diesem Buche ist auch schon der Weg angegeben, der uns aus diesem Elende hinausführen kann, und die Propheten haben davon geredet, und im Neuen Testament und in den Lehren der christlichen Kirchen ist viel davon zu lesen. Wir finden da diejenigen Maßstäbe, die absoluten und ewigen Wert haben. Mit diesen müssen die irdischen Dinge gemessen werden. Freilich sind das feste Normen für unser Tun, und damit läßt sich nicht „handeln". Sie sind unabhängig von jener Gerechtigkeit, die schlaue Advokaten ersinnen, um damit Vorteile zu erhaschen. Diese Maßstäbe zeigen uns z. B. nur die *eine* Sittlichkeit, welche die Ehe und Familie heilig hält, die Frau achtet und mit der neuen Sittlichkeit nichts zu tun hat, die den Zwang und die Last der Familie scheut und nur Rechte verlangt und den anderen die Pflichten auferlegt. Doch genug davon!

Ich will nur nochmals an den Studenten erinnern, der schon dadurch Zorn erregte, daß er vergessen hatte, einen Maßstab anzubringen. *Um wieviel mehr wird unser göttlicher Meister an denen Ärgernis nehmen, die ihren Lebensplan nicht mit seinem Maßstabe einrichten, sondern sich bald mit dem und bald mit jenem begnügen, den irdische Weisheit fabriziert hat und der falsch ist!*

---

## Das Differential.

Die Einführung des Differentialbegriffes hat vor ungefähr 250 Jahren eine neue Periode in der Geschichte der Mathematik eröffnet und eine vollständige Umwälzung der Methoden hervorgerufen. Im Unterricht trennt die Differentialrechnung gewöhnlich die elementare Mathematik von der höheren. Das Eindringen in die Differentialrechnung wird schon als eine Vertiefung des mathematischen Studiums betrachtet, zu welcher nur der zukünftige Mathematiker oder Physiker und Techniker berufen sei. Ob sich diese Scheidung rechtfertigen läßt oder nicht, darüber ist viel gestritten worden. Manche Gebiete der sogenannten niederen Mathematik werden mit der Differentialrechnung schneller und schöner behandelt als mit umständlichen elementaren Methoden. Auch stellt die Differentialrechnung an die Fassungskraft des Schülers kaum höhere Anforderungen, als diejenigen, welche zur Lösung so manchen Problemes der niederen Mathematik verlangt werden. Aber ich will auf diese mehr pädagogische Streitfrage nicht näher eintreten. Ich wollte nur andeuten, daß wir hier auf dem Grenzgebiete zwischen niederer und höherer Mathematik stehen und ich betone, daß die Grenze keine scharfe ist. Es soll also niemand bange werden, wenn ich versuche, dem Differentialbegriff eine gemeinverständliche Seite abzugewinnen. Wir müssen dazu nicht das „hohe Seil" mathematischer Akrobatik beschreiten.

Vom Differential kann man nur sprechen, wenn mehrere Größen durch ein funktionales Gesetz miteinander verbunden sind. Mit anderen Worten heißt dies: Die Größen, welche „differenziert" werden, sind voneinander abhängig und die Art der Abhängigkeit ist durch bestimmte Definitionen gegeben; ferner muß für diese Größen das Gebiet genau abgegrenzt sein, das sie ihrem Werte nach nicht überschreiten können. Die Größen selbst sind veränderlich, aber durch das Funktionalgesetz sind jedem Werte der einen Größe ganz bestimmte Werte der übrigen Größen zugeordnet. Der einfachste Fall ist der, daß zwei Größen (x, y) voneinander abhängen. Der Mathematiker sagt dann: y ist eine Funktion von x oder $y = f(x)$. Ändern wir nun x um eine Größe h und halten wir das funktionale Gesetz fest, so wird sich auch y ändern. Messen wir diese Änderung mit derjenigen von x, d. h. bilden wir den Quotienten der zwei Änderungen, so erhalten wir den sogenannten Differenzenquotienten. Damit ist ein Weg gefunden, um gleichsam in das innere Wesen der Abhängigkeiten von Größen hineinzusehen. Geben wir — bei zwei Größen — der einen eine bestimmte Veränderung, so erhalten wir die Veränderung der anderen. Dieser Einblick wird besonders scharf werden, wenn wir h sehr klein wählen oder „gegen Null konvergieren lassen", wie der Mathematiker sagt. Wir finden dann den Differentialquotienten oder das Differential als „Grenzwert" unter der Annahme, daß $h = o$. Der Mathematiker bezeichnet diese Veränderung von y mit y' und schreibt: $y' = \frac{f(x+h) - f(x)}{h_{\text{für } h = o}} = \frac{dy}{dx}$. Das Differential ist wieder eine Funktion von x, gibt also ein neues Funktionsgesetz und man kann nun einen zweiten Differentialquotienten bilden usf. Dadurch wird das Verständnis von der Abhängigkeit der Größen, welche in einem Funktionalgesetz verbunden sind, immer klarer und deutlicher werden.

Es läßt sich denken, daß in der Physik und besonders in der Mechanik, wo es sich um die Bewegung kleinster

Teile handelt, die Methode der Differentialrechnung wie gemacht war, um über die gegenseitigen Wirkungen kleinster Teilchen aufeinander wichtige Schlüsse zu ziehen. Die weitere Verfolgung dieses Gedankens gehört in die Technik und Physik.

Sehen wir uns im Leben um, so gibt es manche Erscheinungen, bei denen die Denkweise, welche dem Differentialbegriffe zugrunde liegt, bis zu einem gewissen Grade Anwendung findet. Wir müssen freilich vor einem falschen Sprachgebrauch warnen, der sich zuweilen da einschleicht, wo man den Begriff des Differentials nicht klar erfaßt hat. Man spricht von der Differenzierung einer Sache wie von einem selbsttätigen Prinzip, das Veränderungen hervorbringt. Man vergißt dabei, daß jede Differenzierung nur Sinn hat, wenn ein gegebenes Gesetz vorliegt, das die Abhängigkeit von Größen untereinander ausspricht.

Betrachten wir ein Beispiel — das Wachstum der Pflanzen. Wir haben es da in der Tat mit sehr kleinen Veränderungen zu tun, und man glaubt vielleicht schon dadurch das Wesen des Wachstums erfaßt zu haben, wenn man es mit dem Vorgange des Differenzierens vergleicht. Die Sache liegt ja allerdings bis zu einem gewissen Grade genau so wie in der Mathematik. Eine Reihe von Größen — Licht, Luft, Wasser, Chemikalien usw. — ändern sich beständig und bringen dadurch kleine Veränderungen in der Pflanze hervor, die als Wachstum in Erscheinung treten. Soweit ist die Analogie mit der Mathematik vollkommen. Die Veränderungen der Größe $x$ bewirken solche bei $y$. Aber zwischen beiden Teilen liegt das funktionale

Gesetz, nach dem z. B. aus dem Weizenkorn wieder Weizen wird, und dieses Gesetz ist das Wesentliche. Ist es gegeben, so geht unter seiner Festhaltung das vor sich, was der Mathematiker Differenzieren nennt. Im Weizenkorn ist das Gesetz des Werdens eingeschlossen, ein Gesetz, von dessen Erhabenheit und Großartigkeit wir uns kaum eine Vorstellung machen können. Ihm gegenüber ist alles das, was wir in unserer Mathematik als Funktionsgesetze aufstellen, nur armselige Stümperei, welche der Beschränktheit unserer Einsicht entspricht.

Ich nehme ein anderes Beispiel, was hier nahe liegt, die Entwicklungs- und Abstammungslehre des Menschen. Man pflegt da — vielleicht in Anknüpfung an die mathematische Theorie — zu sagen, daß die Übergänge von Art zu Art durch Differentiationen, d. h. durch immer wiederkehrende sehr kleine Veränderungen zustande kommen, die schließlich zu einem sichtbaren, wesentlichen Unterschiede und einer neuen Art führen. Diese Begründung scheint auf den ersten Blick einleuchtend und zwingend und wird besonders beim Laien, der die mathematischen Definitionen nur obenhin kennt, sich aber von dieser Begründung einnehmen läßt, einen durchschlagenden Erfolg haben. Aber die Analogie zwischen der Mathematik und der schöpferischen Natur ist nur eine teilweise. Es fehlt das funktionale Gesetz, welches die Mathematik voranstellt, ehe sie anfängt zu differenzieren. Der Mathematiker wird es mit dem „Formgesetz" in Parallele stellen, welches einer Art eigentümlich ist. Nun gibt es in der Mathematik zahllose Funktionen, von denen jede durch ein neues Gesetz definiert wird. Eine solche Funktion kann allerlei besondere Formen annehmen — es sei an die Kurven zweiten Grades erinnert, welche durch eine Abhängigkeit zweiten Grades zwischen x und y gegeben werden — aber sie bleibt eine besondere Art und zwischen ihr und einer anderen Art ist ein „Sprung" und es tritt etwas Neues ein. Die Analogie zu der Welt der Arten liegt auf der Hand. Der Gedanke freilich, daß alle diese Funktionsgesetze in einer großen Einheit zusammenhängen und daß andrerseits die Arten automatisch ohne besondere Neuschöpfungen ineinander übergehen, hat etwas Bestechendes und ist für die Systematik sehr bequem. Er mußte besonders einer Zeit einleuchten, in der man das Bestreben hat, die ganze Welt zu registrieren, alles Geschehene und Erschaute in Büchern zusammenzustellen und darin die Aufgabe eines Teiles der Wissenschaft erblickte. Für diese achtbare katalogisierende Arbeit waren natürlicherweise einheitliche Gesichtspunkte sehr nötig, die Ordnung in die Masse des Stoffes brachten und so das „Weltinventar" übersichtlich gestalteten. Dazu kam vielleicht noch ein zweites. Für die materialistische Weltanschauung blieb jeder Schöpfungsakt, der einen Schöpfer voraussetzen mußte, immer ein Stein des Anstoßes. Dieses Hindernis schien aber durch die Annahme von automatisch durch „Differentiation" hervorgebrachte Übergänge von einer Art zur anderen, aus dem Wege geräumt zu sein. Die ganze Welt löste sich in einen Kreislauf von kausal bedingten Differentiationen auf, und Gott war eliminiert oder spielte höchstens — immanent, wie man sagte — die Rolle der Feder in der Uhr, die „von selbst" lief.

Ob unsere Zeit von dieser teilweise etwas pedantischen und teilweise gottfremden Ansicht abkommt oder nicht, das kann ich noch nicht wissen. In manchen Kreisen zeigen sich ja allerlei Spuren eines Fortschrittes gegenüber der erwähnten Einseitigkeit, welche die verschiedenen Funktionsgesetze auf eines zurückführen möchte. Der Mathematiker ist weniger „monistisch" und kann sich gut mit der großen Zahl seiner Funktionsgesetze abfinden und freut sich auch, wenn in der Natur und in der Geisteswelt die Mannigfaltigkeit der Erscheinungen und Ideen vorherrscht und dem Leben Farbe, Licht und Reichtum gibt. Wenn der Schöpfer diese ganze Herrlichkeit durch Reihen von Schöpfungsakten hervorbringen wollte oder noch hervorbringen will, so ist das sein Werk und seine Sache. Es kommt mir kleinlich vor, in diesen Schöpfungsplan die Weisheit katalogisierender Menschen hineinzutragen, die gerne durch alle Erscheinungen denselben roten Faden ziehen und diesen für das Wesentliche in der Welt halten. Der Leser wird bemerken, daß ich auf dem Wege des Differentials in die Gebiete der höchsten Mathematik geraten bin, wo sich auch der Mathematiker an der Grenze seines Wissens befindet und sich mit dem Glauben zufrieden geben muß, daß der Schöpfer ebenso zielbewußt in der Welt des unendlich Kleinen herrscht wie in der des unendlich Großen. Es wird daher gut sein, wenn ich wieder in die Niederungen unserer irdischen Mathematik zurückkehre und mich zu einem neuen mathematischen

Begriffe, wende, der eng mit dem Differentialbegriff zusammenhängt und sein Gegenfüßler ist — oder vielleicht auch seine „bessere" Hälfte.

---

## Das Integral.

Das Konversationslexikon gibt dem Worte „Integral" die Bedeutung: Ein Ganzes ausmachend.

Das Hauptbuch moderner Weisheit — d. h. das Lexikon — fügt hinzu, daß die Holländer im Anfang des letzten Jahrhunderts knapp an Geld waren und $^2/_3$ ihrer Schulden abschüttelten und durchstrichen. Um jene Zeit war dies noch ein seltener Vorgang. Als sie dann wieder zu Wohlstand kamen, stellten sie als anständige Menschen ihre Verpflichtungen wieder her und gaben Papierscheine aus, die als „Integrale" auf den Geldmarkt kamen. Mit dem Worte sollte gesagt werden, daß diese Werttitel die Gesamtschuld ergänzen. Dieser Sprachgebrauch hängt mit dem, was in der Mathematik ein Integral genannt wird, nur sehr lose zusammen. Man kann vielleicht sagen, daß das Differential mit dem Integral zusammen ein Ganzes bilden, daß Differential und Integralrechnung zusammen gehören. Wie das zu verstehen ist, wird die folgende Erklärung zeigen.

Ich knüpfe an das Differential an, und zwar an die einfachste Form, bei welcher zwei Größen x und y durch ein Abhängigkeitsgesetz verbunden sind. $y = f(x)$. Wächst x, so ändert sich auch y und das Verhältnis der Differenzen wird durch das neue Funktionsgesetz $y' = \frac{dy}{dx}$ ausgedrückt. Suchen wir nun wieder aus y' die Größe y, so sagt man die Größe y' wird integriert. Die alte, ursprüngliche Funktion y, von welcher wir ausgegangen sind, wird gesucht. In bezug auf y' ist y das Integral des Differentiales. Fassen wir das Gesagte zusammen, so ergibt sich folgende Regel: Suchen wir das Differential y' einer Funktion y und integrieren wir dies, so erhalten wir wieder — abgesehen von einer konstanten Größe — die ursprüngliche Funktion y. Die Integration hebt die Differentiation bis zu einem gewissen Grade auf. Daraus folgt weiter, daß alle Funktionen, welche durch Differentiation abgeleitet wurden, wieder integriert werden können. Wie weit es möglich ist, irgendeine gegebene Funktion zu integrieren, das ist eine rein mathematische Frage, auf die ich hier nicht weiter eintreten kann und will. Ich fürchte fast, schon zu weit in die Mathematik eingedrungen zu sein, um noch allgemein verstanden zu werden. Der Leser, der bis hierher gefolgt ist, möge sich aber gedulden. Der Weg geht nun wieder aus dem „Dunkel" der Mathematik ins helle Leben. Ich brauchte aber diese Gegenüberstellung von Differential und Integral, um den grundlegenden Unterschied zwischen dem rein mathematischen Denken und der Erfassung des ganzen Lebensvorganges an einer charakteristischen Stelle aufzudecken.

Ich habe oben beim Vorgang des Wachstums einer Pflanze auf die Analogie zwischen Mathematik und Natur hingewiesen und das Formgesetz der Pflanze mit dem Funktionsgesetz der Mathematik verglichen. Da wie dort bringt eine kleine Änderung der einen Größe eine kleine Veränderung der anderen hervor. Wir haben in diesen Abhängigkeitsgesetzen gleichsam einen Mechanismus vor uns, wo auf der einen Seite die Änderung der Größe und auf der anderen das Differential herausspringt. In der Mathematik ist der Mechanismus sehr einfach, und wir geben ihn durch Systeme von Gleichungen. In der Natur ist er — im Vergleich mit der Mathematik — sehr verwickelt. Wir können durch Beobachtungen eine Reihe von Größen als Ketten von Ursachen und Wirkungen aufdecken und dann annehmen, daß auch die übrigen Abhängigkeiten kausal verknüpft seien. Dann kann eine mechanistische Weltanschauung mit scheinbar großer Wahrscheinlichkeit sagen, daß die Natur den Weg der Mathematik gehe — nur auf ganz anders verschlungenen Pfaden wie diese. Soweit ist alles ganz in Ordnung. Gehen wir aber den umgekehrten Weg, d. h. wollen wir vom Integral zur ursprünglichen Funktion zurückkehren, so versagt die Analogie zwischen Mathematik und Natur vollkommen. Das Formgesetz, das in der Natur gegeben und z. B. im Apfelkern eingeschlossen ist und in jedem Stadium der Pflanze die Führung hat, läßt sich nicht umkehren. Es muß also in der funktionalen Abhängigkeit wie sie in der Natur vorliegt, noch ein Faktor sein, der sich — nur in einer Richtung betätigt und sich nicht einfach umkehren läßt. Dieser Faktor geht über das hinaus, was wir im Gebiete der Mathematik und Mechanik erklären können. Er ist ein transzendentes x, das Richtung und Ziel gibt und das Formgesetz vorschreibt, nach dem sich die Elemente zur Einheit zusammenschließen müssen. Dieses Gesetz selbst ist der platonischen „Idee" zu vergleichen. Ihr sind die mechanischen Kräfte untertan. Das transzendente x erweckt sie zum Leben, begleitet sie durch das Leben und bestimmt ihr Ende in unserer irdischen Welt. Wo dieses transzendente x — sagen wir das Leben — auftritt, ist die Analogie mit der Mathematik nur im Sinne einer Richtung denkbar. Der Lebensprozeß ist nicht umkehrbar, wie Differential und Integral. Wir stehen hier vor einem Rätsel, welches das rein mechanistische Denken nicht löst.

Immerhin kann auch dem Integral eine Beziehung zum Leben abgewonnen werden, die auf einer Erweiterung des Integralbegriffes beruht. Das Integral geht von einer kleinen Änderung — sagen wir d s einer Funktion s aus, welche durch ein Funktionsgesetz gegeben ist. Integriert man innerhalb der Grenzen, für welche s gilt, so erhält man s. Man kann daher das Integral auch als Summe von unendlich vielen unendlich kleinen Größen ansehen und auf dieser Erklärung beruht das Integralzeichen $\int$, welches die Summe andeutet. Ein anschauliches Bild gibt die Darstellung einer Funktion durch eine Kurve, die s vorstellt. d s ist ein sehr kleines Stück der Kurve, und das Integral von d s gibt die ganze Kurve innerhalb bestimmter Grenzen. Die Methode des Integrierens kann uns also zeigen, wie man durch fortgesetztes

Sammeln von relativ kleinen Größen zu einem Gesamtresultat gelangt. Sie ist in diesem Sinne ein Bild für Sparsamkeit, Ausdauer und Treue im kleinen. Aber dabei sei nicht vergessen, daß das Integrieren kein planloses Sammeln von allerlei Dingen ist. Die Größen auf welche man seine Aufmerksamkeit richtet, müssen durch ein einheitliches Gesetz im Zusammenhange stehen und die Arbeit wird nur dann von Erfolg sein, wenn sie in den Grenzen dieses Gesetzes bleibt. Im Sammeln muß System sein, und es hat seine bestimmten Grenzen. Geiz und Gier nach dem Gelde an sich liegen außerhalb dieser Grenzen. Ein Sammeln, welches das Strukturgesetz der menschlichen Gesellschaft nicht beachtet und die Güter, welche für die Gesamtheit bestimmt sind, dieser wegnimmt und durch Praktiken aller Art anhäuft und in wenig Hände bringt, widerspricht dem geordneten Tun beim Integrieren. So kommen wir auch da wieder zu dem Schlusse, daß das gegebene Gesetz der Abhängigkeiten beim Differenzieren wie beim Integrieren die wesentliche Voraussetzung für die Anwendung dieser Begriffe ist.

---

## Das Transzendente in der Mathematik.

Der Laie spricht gerne von der mathematischen Sicherheit, mit welcher etwas bewiesen wird. Ja, schon das Wort Beweis erfüllt ihn mit einer gewissen Ehrfurcht.

Ein geschickter Mann wird oft unter Benutzung dieses Glaubens an den Beweis Dinge „beweisen", die grundfalsch sind, und Sätze vordemonstrieren, die nicht gelten, weil sie auf unbewiesenen Voraussetzungen beruhen. Es wäre leicht, eine Reihe solcher Fehlschlüsse zusammenzustellen, die in alter und neuer Zeit gezogen wurden und unheilvolle Verwirrung anstifteten. Wir erinnern an manche „Beweise" des „Philosophen" Haeckel und aus der neuesten Zeit an viele Sätze, die Spengler in seinem Buche über den Untergang des Abendlandes „beweist", die sich aber kaum beweisen lassen.

Dieses Vertrauen auf die Sicherheit und Unfehlbarkeit der Mathematik kommt daher, daß der Mathematiker es in seiner Hand hat, durch passende Annahmen und Erklärungen ein geschlossenes Ganzes zu schaffen. Er ist dabei von allen äußeren Erscheinungen unabhängig und arbeitet nur mit seinem logischen Apparat. Wenn derselbe zuweilen an einer Stelle zu versagen scheint, so macht der Mathematiker eine formale Definition und dann knüpft die Logik an diese Erklärung an und schreitet weiter vorwärts. Eine solche Stelle ist z. B. diejenige, bei welcher die imaginäre Einheit eingeführt werden muß. Wir finden, daß das Quadrat der positiven Zahl sowohl wie dasjenige einer negativen Zahl positiv ist. Wir wissen, daß das Quadrat einer Quadratwurzel gleich der Zahl unter dem Wurzelzeichen ist. Wenn nun diese Zahl negativ ist, so würde das Quadrat einer Größe negativ werden. Wir kommen also auf einen Widerspruch mit dem ersten Satz: Es gibt keine Zahl, deren Quadrat negativ ist. Also muß in unserem formalen System die Quadratwurzel aus der negativen Einheit — $\sqrt{-1}$ — etwas anderes bedeuten als alles, was wir vorher hatten. Der Mathematiker schreibt dafür einen ganz bestimmten Buchstaben i, nennt diese Größe i die imaginäre Einheit und arbeitet nun mit derselben. Damit ist der Zusammenhang des Systems gerettet. Das Fremdwort imaginär drückt aus, daß i eine Größe ist, mit welcher wir keine Vorstellung verbinden können. i geht über das Gebiet dessen hinaus, was wir im Bereiche der zählbaren Größen erreichen können. Nennen wir eine solche Größe transzendent, so wäre also i eine „Transzendente" der Mathematik. Im 18. Jahrhundert ging man mit dieser Größe i noch recht vorsichtig um. Heute hat sich der Mathematiker an sie gewöhnt und er weiß, daß i nichts „Unmögliches" ist, sondern ein Begriff, den man braucht, um für den mathematischen Formalismus ein geschlossenes Ganzes zu haben. Die Erklärung, die man der Größe i gibt, rechtfertigt ihren Gebrauch.

Die Voraussetzungen, die wir für die Algebra — also die Zahlenrechnung — machen müssen, sind anderer Art als diejenigen für die Geometrie. Sie arbeitet mit der Anschauung von gezeichneten Figuren. Die Mathematiker des 17. Jahrhunderts haben in der „analytischen Geometrie" gleichsam eine Brücke zwischen dem rein abstrakten Rechnen und der Geometrie geschlagen. Man verband mit genau definierten Zusammenstellungen von Zahlengrößen Wörter wie Punkt, Gerade usw., welche in der

Geometrie zu bestimmten Figuren gehören. Damit war es möglich geworden, geometrische Sätze in der Formelsprache der Algebra zu fassen. Umgekehrt konnte man aus dem algebraischen Formalismus geometrische Wahrheiten ablesen. Dies gilt aber nur mit Einschränkungen, die zuweilen auch von mathematisch geschulten Köpfen nicht genügend beachtet werden. Nicht jeder algebraischen Form entspricht auch ein „Bild" in der Anschauungsgeometrie. Ein Beispiel soll dies zeigen. Wir haben in der Anschauungsgeometrie den Begriff einer „Dimension" und wir sind — als Menschen — so organisiert, daß wir nur von drei Dimensionen eine Vorstellung haben. Die „natürliche" Geometrie ist in einem Raume von drei Dimensionen beschlossen. Die Analysis gibt für diese drei Dimensionen algebraische Erklärungen, welche sich auf beliebig viele Dimensionen erweitern lassen. Spricht daher der Analytiker von einem Raume von vier oder mehr Dimensionen, so steht dieser Redeweise keine Vorstellung in der Anschauungsgeometrie gegenüber. Er gebraucht geometrische Wörter, die in der „natürlichen" Geometrie kein Bild haben. Der Raum von vier Dimensionen, den vielleicht Wesen anderer Art als wir Menschen erfassen können und der im Okkultismus gelegentlich die Laien beschäftigt, geht über die natürliche Geometrie hinaus. Er ist eine „Transzendente" derselben, aber die formale Algebra arbeitet mit diesem Begriff.

Die Anschauungsgeometrie besitzt noch eine Anzahl solcher Transzendenten. Gehen wir denselben nach, so kommen wir wieder auf die Einschränkungen zurück, welche sich die Mathematik auferlegen muß. Sie bedeuten ihre Stärke; denn in dem begrenzten Gebiete arbeitet der logische Apparat sicher. Sie bedeuten auch eine Schwäche; denn die Mathematik kann nicht alles beweisen. Sie braucht „Axiome", d. h. grundlegende Voraussetzungen. Man sagt von ihnen, daß sie keines Beweises bedürfen, weil sie „an sich" klar sind. Wir beruhigen uns dabei. Zwar in anderem Sinne wie Tausende von Menschen, denen die Mathematik in der Schule eine Plage ist, und die gerne auf die Beweise der Sätze verzichten. Aber der Mathematiker nimmt die Dinge ernster. Und so haben sich fast 2000 Jahre hindurch die feinsten Köpfe damit beschäftigt, das sogenannte Parallelenaxiom, welches Euklid aufstellte, zu beweisen. Es sagt aus, daß durch einen Punkt außerhalb einer Geraden zu dieser nur eine Parallele gezogen werden kann. Ein englischer Euklidforscher nannte vor Jahrhunderten diesen unbewiesenen Satz einen „Schandfleck" der Mathematik. Aber der Beweis gelang ihm doch nicht. Alle Versuche kamen darauf hinaus, daß an Stelle des Parallelenaxioms ein anderer unbeweisbarer Satz trat. Mit der Zeit kehrte man die Sache um. Ein Jesuit, Hieronymus Saccheri (1667—1733) baute eine Geometrie auf, welche das Parallelenaxiom ausschloß. Nicht als ob er an dieser „anschaulichen Wahrheit" gezweifelt hätte; aber er hoffte sich auf diesem Wege in Widersprüche zu verwickeln und so einen indirekten Beweis für das Axiom zu erbringen. Auch dieser Gedanke versagte. Unabhängig von Saccheri verfolgten spätere Mathematiker diesen Weg, der zu einer neuen Geometrie, der sog. „Nicht-Euklidischen Geometrie" führte. Ihre Schöpfer, der Russe Lobatschewski und der Ungar J. Bolyai, die in der ersten Hälfte des 19. Jahrhunderts ihre Werke schufen, fanden kein Verständnis und keinen Dank. Erst nach ihrem Tode begann man ihre Arbeit zu würdigen. Sie zeigte eindrücklich, daß sich auch andere in sich geschlossene Geometrien entwickeln lassen, für welche dieses Parallelenaxiom nicht gilt. Man spricht dann von der „Nicht-Euklidischen Geometrie". Das Parallelenaxiom aber ist die Voraussetzung für die Euklidische Geometrie, die sich unserer natürlichen Raumanschauung anpaßt. Sie wird daher für uns immer die Geometrie bleiben, die wir brauchen können. Andere Geometrien lassen sich unter anderen Bedingungen formal entwickeln. Sie gehen aber über unsere Vorstellungen hinaus, sie sind transzendent.

Aber auch die Bedingung der Euklidischen Geometrie birgt Transzendente. Die Parallele, welche durch einen Punkt zu einer Geraden gezogen wird, schneidet diese Gerade nicht oder vielmehr wir können den Schnittpunkt nicht erreichen. Man führt für diese Tatsache den transzendenten Begriff des unendlich fernen Punktes ein. Er ist nicht sichtbar, aber wir arbeiten mit ihm. Wir sagen, daß Linien, die zueinander parallel sind, durch denselben unendlich fernen Punkt gehen. Anschaulich ist die Redeweise: Diese Linien haben dieselbe Richtung. Eine weitere transzendente Annahme ist die, daß eine Ebene durch eine unendlich ferne Gerade begrenzt sei. Parallele Ebenen schneiden sich in derselben unendlich fernen Geraden usf. Dem unendlich Fernen steht als transzendenter Begriff das unendlich Benachbarte gegenüber. Schneiden wir z. B. einen Kreis mit einer Geraden, so können wir den einen der Schnittpunkte festhalten und die Gerade um diesen Punkt drehen. Dann wird eine Lage eintreten, bei der der zweite bewegliche Punkt mit dem ersten zusammenfällt. Man sagt: Die Gerade berührt den Kreis. Die zwei Schnittpunkte der Geraden mit dem Kreise sind „unendlich benachbart". Bei diesen Beispielen des unendlich fernen und des unendlich benachbarten Punktes können wir mit der Anschauung dem Transzendenten sehr nahe kommen. Man redet daher auch von den Grenzübergängen beim unendlich Großen und Kleinen. Das sind aber nur Worte, welche die Sache nicht faßbar machen. Es gibt aber auch andere Begriffe, die nicht als Grenzen beim Übergang ins Transzendente aufgefaßt werden können und doch für die Anschauungsgeometrie nötig sind, wenn diese ein geschlossenes System bilden soll. Ein Beispiel soll dies zeigen.

Wir teilen die krummen Linien, d. h. Kurven in der Ebene nach bestimmten Gesichtspunkten. Sie entsprechen den algebraischen Gleichungen, nach denen die Punkte der Kurve „berechnet" werden können. Wir sagen z. B., eine Kurve ist von der zweiten Ordnung, wenn jede Gerade die Kurve in zwei Punkten schneidet. Der Kreis gehört zu diesen Kurven. Da wird man sofort bemerken, daß es Gerade gibt, die den Kreis nicht schneiden. Dann sagt man: Die zwei Schnittpunkte sind imaginär. Hier versagt die Vorstellung ganz. Aber wir brauchen den transzendenten Begriff des Imaginären, damit die aufgestellte

Definition der Kurven zweiter Ordnung allgemein gilt. „Berechnen" wir diese Punkte, so enthalten die Ausdrücke die imaginäre Größe i, von welcher oben die Rede war.

Schließlich sei noch an eine Häufung von transzendenten Begriffen erinnert, die in der Geometrie eine ganz besondere Rolle spielt. Wir sehen, daß ein Kreis von der unendlich fernen Geraden seiner Ebene nicht geschnitten wird. Die unendlich ferne Gerade schneidet also den Kreis in zwei imaginären Punkten. Aus Gründen, die wir hier nicht entwickeln können, folgt noch, daß alle Kreise einer Ebene durch die nämlichen zwei imaginären Punkte auf der unendlich fernen Geraden gehen. Von diesen zwei imaginären, unendlich fernen Kreispunkten der Ebene hängen sehr viele Beziehungen und Eigenschaften von Raumgebilden ab. Wir kommen später noch einmal darauf zurück.

Nun muß ich aber fürchten, fast zu sehr mathematisch und geometrisch gesprochen zu haben. Es ist also an der Zeit, wieder aus dem geometrischen „Himmel" in die irdische Welt zurückzukehren.

Da seien einige Vergleiche gestattet — selbst auf die Gefahr hin, daß wir ein wenig symbolisch über das Transzendente reden. Aber es liegt doch nahe, daran zu erinnern, daß die Anschauungsgeometrie eine Weltanschauung im Gebiete bestimmter, mathematisch zugänglicher Formen darstellt. Um Ordnung in diese Welt der Formen zu bringen, müssen wir von bestimmten unbeweisbaren Annahmen ausgehen und Begriffe einführen, welche unser Anschauungsvermögen nicht erfassen kann. Nur dann sind wir imstande, diese mathematisch-geometrische Welt zu einem einheitlichen System zusammenzufassen. Der Intellekt schafft für diese transzendenten Begriffe besondere Zeichen oder sagen wir Symbole. Das verschleiert vielleicht die Tatsache, daß hinter den Symbolen unfaßbare Dinge stehen, ändert aber an dieser Tatsache nichts. Ihre Erkenntnis kann wertvoll für unsere nicht-geometrische Weltanschauung sein. Wenn die Mathematik und Geometrie in einem gewissen Sinne Metaphysik brauchen, warum sollten wir in der Welt der Erscheinungen, die überaus verwickelt ist und Rätsel über Rätsel aufgibt, ohne metaphysische Begriffe auskommen? Ob und wie uns diese Metaphysik geoffenbart wird, das will ich hier nicht erörtern. Es genügt, nur auf die Analogie zwischen der Weltanschauung der Geometrie und derjenigen der Religionen hingewiesen zu haben und die Scheu vor dem Transzendenten als eine „Beschränktheit" zu charakterisieren. Der Mathematiker, der vielleicht mehr mit dem Intellekt arbeitet, wie viele sogenannte „Intellektuelle", klebt nicht an der materiellen sichtbaren Endlichkeit, sondern weitet seinen Blick ins Unendliche und nimmt von daher die Grundlagen seiner Weltanschauung.

## Die Anlage zur Mathematik.

Es dürfte eine lohnende Aufgabe sein, ein „Trostbuch" für Mittelschüler zu schreiben, das zeigt, wie der und jener berühmte Mann in allerlei Schulfächern nichts leistete, gleichsam „vernagelt" war, und doch seinen Weg machte und hervorragend wurde. Natürlich soll es kein Buch für faule Leute sein, sondern für solche, die gewissenhaft arbeiteten und doch nicht über geringe Leistungen hinauskamen. Ich glaube, daß die Mathematik in einem solchen Buche keine kleine Rolle spielen würde. Man könnte ihm große Namen einfügen. Goethe z. B. kam nie über die Anfangsgründe der Mathematik hinaus, und als er sich im späteren Leben einmal anschickte, in ihre Geheimnisse einzudringen, hielt er dieses Studium nur sechs Wochen aus. Nietzsche, den viele unserer „Intellektuellen" verehren, war in der Mathematik sehr schwach und wurde nur auf Grund seiner hervorragenden Leistungen im Deutschen und Lateinischen für die Universität reif erklärt. So ließe sich das Verzeichnis um manche bekannte Größe vermehren. Aber auch im gewöhnlichen Leben hat gerade der Mathematiker allzuoft im gesellschaftlichen Verkehr das zweifelhafte Vergnügen, zu hören, wie schwer die Schulmathematik auf dem und jenem lastet. Und es klagen nicht nur solche Eltern, die ihre Sprößlinge für „Ausbünde" von Gescheitheit und Weisheit halten, sondern auch andere, die ein Verständnis für die mehr oder weniger große Begabung ihrer Kinder besitzen. Man sucht nach Gründen für das Versagen in der Mathematik. Nun ist in unserer Zeit die Ansicht verbreitet, daß der moderne Mensch mit seinem „gesunden Menschenverstand“ alles kann — Staaten regieren, Organisieren, Desorganisieren, Sozialisieren, Kommunisieren und anderes mehr. Und da es ehrenrührig ist, irgend jemanden diesen „gesunden Menschenverstand“ abzusprechen, so scheint es rätselhaft, warum es Menschen geben solle, denen man das bißchen Mathematik nicht beibringen kann. Also wird die Schuld am Lehrer und seinem Unterricht liegen! Viele Lehrer stimmen auch dieser Ansicht zu. Nur meinen sie dann gewöhnlich nicht ihren eigenen Unterricht, der nichts tauge, sondern denjenigen vom Kollegen.

Bei diesem Stand der Dinge wird es von Interesse sein, die vielfach erörterte Frage nach der mathematischen Begabung zunächst in historischer Beleuchtung zu streifen.

Die physiologische Beurteilung führt auf Franz Joseph Gall (1758—1826) zurück. Wir wissen, daß dieser Name verdächtig klingt. Er weckt vielleicht da und dort eine Jugenderinnerung. Im Städtchen X war es. Ein Phrenologe kündigte sich vorübergehend im Orte an, und man konnte im Tagblatt einen Kopf mit Hirneinteilungen sehen. Auf den einzelnen Teilen standen alle die Tugenden, Temperamente, Begabungen und Laster verzeichnet, welche der Mensch haben kann. Der Wundermann erklärte sich bereit — natürlich gegen entsprechendes Honorar — den Eltern nach der äußeren Untersuchung der Schädel ihrer Kinder ein Urteil über Begabung und Zukunft abzugeben. Es war eine Art Berufsberatung, nur nach anderer Methode wie heutzutage. Die Eltern kamen auch und freuten sich, wenn ihrem Hans oder Otto oder Heiri viel Glück, der Oberst oder Berühmtheit vorhergesagt wurde. Die Empfehlung, welche dem Wahrsager Kunden zuführte, war in dem Satze ausgesprochen: Der „Professor" arbeitet nach Gall.

Die Theorien von Gall kamen später in Mißkredit, weil sich zuviele „Propheten" und Charlatane auf ihn beriefen. Er selbst aber paßte in keine gelehrte Zunftschablone, und seine temperamentvolle Natur verwickelte ihn in Streitigkeiten mit den Autoritäten der Zeit und das ist eine böse Sache, die den Gelehrten Gall um Ansehen und Ruhm brachte. Wundt ist in seiner physiologischen Psychologie diesem deutschen Begründer der Phrenologie, der in Paris lebte, gerecht geworden und anerkennt seine Verdienste um die Erforschung des Gehirnbaues. Gall machte zahlreiche Beobachtungen an Schädeln von Toten und Lebenden und kam dabei zu der Überzeugung, daß das menschliche Hirn ein Organismus ist, in dessen einzelnen Teilen die „Grundkräfte" oder Triebe des Menschen lokalisiert sind. Der Mensch wird mit diesen Grundkräften geboren und sie werden nicht erst durch äußere erzieherische Einflüsse gebildet. Nun hat das Hirn zu seiner Hülle das Schädeldach. Dieses muß sich den Formen des Hirnes anpassen und daher sollen die Grundkräfte am Schädel zu erkennen sein. Zu den Grundkräften des menschlichen Hirns rechnet Gall auch den Zahlensinn. Er sagt in einer Abhandlung „über den Sinn von Zahlenbeziehungen": „Es gibt keine Fähigkeit, die man mit mehr Recht von der Intelligenz im allgemeinen abzuleiten glaubt, als die Anlage zur Arithmetik und Mathematik überhaupt. Man meint die beste Beschäftigung für die Urteilskraft sei die Beschäftigung mit der Mathematik. Nichts, sagt man, kommt in dieser Wissenschaft von außen. Alles ist das Werk des menschlichen Verstandes. Alles ist eine Schöpfung der reinen Anschauung und des Schlußvermögens. Also kann kein besonderes Organ vorhanden sein, vermöge dessen der Mensch zum Rechnen und der Mathematik überhaupt befähigt ist." Gall widerspricht dieser landläufigen Meinung und erzählt die Geschichte seiner Entdeckung des Zahlensinnes. Er untersuchte viele Personen, welche besonders gewandt im Rechnen waren und entdeckte bei denselben eine beträchtliche Vorwölbung am äußeren Augenwinkel. Er glaubt daher, daß das Organ des Zahlensinnes in einer Windung liegt, welche eine Fortsetzung des Musikorganes ist. Wenn diese Windung beträchtlich entwickelt ist, so wird der äußere Teil des Daches der Orbita durch sie herabgedrückt, der äußere Teil des oberen Lides gesenkt und er deckt das Auge mehr als sonst. Der allgemeine Gedanke einer Lokalisation, den Gall aufstellte, war nicht verfehlt und entspricht modernen Ansichten über Hirnzentren. Seine Einteilungen des Hirnes muten aber phantastisch an.

Die Studien über die Lage des „mathematischen Organs" hatte der verstorbene Leipziger Physiologe P. J. Möbius, ein Enkel des berühmten Mathematikers Möbius, wieder aufgenommen. Er durchforschte das Leben von vielen Mathematikern, maß Schädel, sammelte Bilder und Büsten von Mathematikern und kam zu dem Schluß,

„daß das mathematische Organ immer vorhanden war". Er will nicht behaupten, daß nun ausnahmslos jeder Mathematiker das Organ aufweisen müsse. „Wenn dasselbe dadurch entsteht, daß gewisse Hirnteile mehr Raum beanspruchen als gewöhnlich, so könnte in manchen Fällen doch der nötige Raum ohne Ausweitung der Stirnecke gefunden werden." Ein Mathematiker ohne Organ würde also die Annahme von Gall nicht umstoßen. „Sehr lehrreich," bemerkt Möbius weiter, „ist der Vergleich der mathematischen Sektion bei einer Naturforscherversammlung mit anderen Sektionen. Geht man aus jener in die Sektion der Physiker, so fällt der Unterschied der Köpfe ohne weiteres auf; geht man gar in eine medizinische Abteilung, so glaubt man eine andere Menschenrasse zu sehen." Die meisten Bilder, welche Möbius seinem Buche beigibt, lassen auch diese „viereckige" Schädelform erkennen. Möbius faßt seine Schlüsse dahin zusammen: „1. Die Natur variiert die Formen stärker als es nach Galls Beschreibung scheinen möchte. 2. Das mathematische Organ ist nicht auf beiden Seiten gleich, sondern in der Regel links stärker entwickelt als rechts. 3. Das mathematische Organ besteht zum Teil in der Verdickung der Weichteile. Die Haut mit reichlichem Fettpolster bildet einen locker um die Stirnecke gelegenen Sack." Ich rate jedem Mathematiker seinen Schädel auf diese Formel von Möbius hin zu untersuchen. Mein Bild zeigt in der Tat im Spiegel die Lagerung von Haut und eine Falte über dem linken Auge. Möbius könnte mich also als Mathematiker eingeschätzt haben, ohne meine Abhandlungen lesen zu müssen. Man begreift daher, daß die Formel von Möbius für das Urteil in vielen Fällen recht bequem wäre. Aber ganz genau wird sie nicht stimmen und ich möchte nicht jeden, der einen Fettwulst über dem linken Auge hat, schon deswegen für einen Mathematiker halten. Wundt findet die Formel von Möbius „fragwürdig". Freilich gibt Wundt für die von Möbius an 300 Mathematikern konstatierte außergewöhnliche Entwicklung des oberen äußeren Augenwinkels eine Deutung an, die wohl kaum richtig ist. Er meint, daß beim mathematischen Denken die Stirnmuskeln außergewöhnlich angespannt würden und daß infolge davon die Verdickung komme. Als ob derjenige, der die mathematische Begabung hat, besonderer Mimik beim Denken bedürfe! Die ist eher für den nötig, der diese Begabung entbehrt und sich plagen muß, um mathematische Aufgaben zu lösen. Daher sollte der Mensch ohne mathematische Begabung an diesen Verdickungen leiden und nicht der Mathematiker. Dieser Grund gegen Möbius mag also wegfallen. Aber ganz sicher wird sich kaum je beweisen lassen, welcher Platz dem mathematischen Sinne im Hirn von Uranbeginn zugeteilt ist und wo er im Drange nach Ausdehnung Fett anzusetzen pflegt und sich bemerkbar macht. Lassen wir also die endgültige Antwort auf diese Frage noch in Schwebe. Daß aber dieser homo mathematicus in Gestalt des Zahlensinnes wirklich da ist, das beweisen die Rechenkünstler und mathematischen Wunderknaben, die es zu allen Zeiten gegeben hat und die schon mehr in die Welt des Okkultismus gehören. Möbius ging auch diesen Phänomenen nach und fand, daß die Zahlenbegabung oft eine ganz einseitige ist. Ein solcher Wundermensch — Winkler — lebte in den 70er und 80er Jahren in der Schweiz, produzierte seine Künste in Wirtschaften, war aber auf keinen geordneten mathematischen Weg zu bringen. Alle Versuche, ihn in die höhere Mathematik einzuführen, schlugen fehl. Er zog von Wirtshaus zu Wirtshaus und ist auch an der Kneipe zugrunde gegangen.

Interessant sind die Aussagen eines hochgebildeten Mathematikers und Rechenkünstlers — Dr. Ferrol — der auch den „mystischen" Zahlensinn besaß und vor Jahren die ganze Welt durch seine Vorführungen in Staunen versetzte. Dr. Ferrol sagt: „Als ich lesen lernte, erging es mir sehr schlimm. Ein Buchstabe sah mir aus wie der andere. Daher war ich meist in der unteren Hälfte der Klasse zu finden. Nur das Wettkopfrechnen machte mich alle 14 Tage auf kurze Zeit zum Primus. Schon als Knabe rechnete ich geradezu intuitiv, so daß ich oft der Ansicht war, ich müßte schon einmal gelebt haben. Stellte man eine inhaltlich schwere Aufgabe, so quoll das Resultat geradezu aus meinem Empfinden heraus, ohne daß ich im ersten Augenblick wußte, wie ich es erhielt; vom Resultate aus suchte ich den Weg. Dieses intuitive Erfassen wuchs in dem Maße, als die Anforderungen sich steigerten. Häufig habe ich das Empfinden, als stünde jemand bei mir, um mir das gesuchte Resultat, den gesuchten Weg zuzuraunen."

Es handelt sich hier nur um den Zahlensinn, der unzweifelhaft angeboren wird, aber mit der Begabung für die ganze Mathematik nicht zusammengeworfen werden darf. Viele große Mathematiker haben ihn besessen. Gauß

z. B. war ein mathematischer Wunderknabe und konnte als kaum dreijähriger Junge seinen Vater darauf aufmerksam machen, daß er sich bei der Sonnabendabrechnung mit den Gesellen geirrt habe. Aber nicht jeder jugendliche Rechenkünstler wird ein ausgesprochener Mathematiker. Immerhin glaube ich, daß bei jedem Menschen, dem die rechnende Richtung der Mathematik besonders gut liegt, der angeborene Zahlensinn vorhanden sein muß.

Das bringt uns auf einen Punkt, der noch unsere Beachtung verdient. Wenn der Laie von Mathematik redet, so faßt er Arithmetik und Geometrie zusammen. So lange es sich bei der Geometrie nur um die mit Hilfe der Arithmetik geführte Betrachtungsweise der Geometrie handelt, und die mathematische Formel nur durch geometrische Benennungen interpretiert wird, ist auch keine Trennung zwischen Arithmetik und Geometrie vorhanden. Aber die eigentliche Geometrie, welche sich der Figur bedient, welche konstruiert und die Anschauung braucht, ist ihrem ganzen Wesen nach von der Arithmetik verschieden. Die Mathematik zerfällt also in zwei gesonderte Teile — auf der einen Seite die Arithmetik, auf der anderen die Geometrie der Ebene und des Raumes. Dort ist der Zahlensinn das Maßgebende, hier die Raumanschauung. Dementsprechend gibt es für die eine oder andere Richtung eine besondere Begabung und beide sind selten bei demselben Mathematiker in gleich hervorragender Weise vorhanden. Es gibt Analytiker — wir haben dies im Falle von Dr. Ferrol gesehen — welche keine geometrische Phantasie haben und welche den rein geometrischen Problemen aus dem Wege gehen und umgekehrt. Nach meiner Beobachtung ist der Zahlensinn viel häufiger zu finden als der Raumsinn. Die darstellende Geometrie, die Raumvorstellung braucht, findet größere Schwierigkeit als die Arithmetik. Ob dies von Natur aus so ist, wage ich nicht zu entscheiden. Ich weiß nur, daß die arithmetischen mit Buchstaben arbeitenden Methoden in den letzten Jahrhunderten seit Einführung der analytischen Geometrie und der Differentialrechnung viel mehr im Vordergrunde standen und daß die Analytiker tonangebend und herrschend sind. Die reine Geometrie, wie sie die alten Griechen bewundernswert trieben und wie sie seit 150 Jahren wieder erweckt wurde, trat in den Hintergrund und die „reinen Geometer" führen im verborgenen ein etwas idyllisches Poetendasein. Erst seit der Entwicklung der Technik in den letzten 50 Jahren findet die reine Geometrie wieder mehr Beachtung, weil sie mit der darstellenden Geometrie im Zusammenhang steht und da Verwendung findet. Ich habe in diesem Gebiete viel gearbeitet und bin zu der Überzeugung gekommen, daß auch die geometrische Anlage angeboren sein muß. Wer sie nicht hat, kann ein ganz intelligenter Mensch sein, vielleicht trefflich rechnen — aber er steht den Aufgaben der Raumanschauung wie blind gegenüber. Ich habe dies zu oft beobachtet. Den angeborenen Sinn kann man durch Modelle und Bilder fördern, wenn er nur schwach vorhanden ist. Wo er fehlt, nutzen auch diese nichts. Ich sah wunderbare Zeichnungen und Bilder, die den Schein erweckten, als ob der Verfertiger sich vorzüglich im Raume auskenne. Aber wenn er dann selbständig konstruieren sollte, so zeigte sich, daß das innere Sehen nicht vorhanden war und daß er nur mechanisch arbeitete.

Wo der geometrische Sinn im Hirn des Menschen seinen Platz angewiesen bekam, darüber hat meines Wissens noch niemand besondere Forschungen angestellt. Zu wünschen wäre es, daß beide Sinne einträchtiglich zusammensitzen und sich stärken und fördern. Im Leben haben es die Träger dieser Sinne nicht immer zum richtigen Verständnis für einander gebracht. Das mag aber mit Menschlichkeiten zusammenhängen und nicht mit der Mathematik, und wir kehren daher zum Ausgange unserer Frage über die mathematische Begabung zurück. Unsere Antwort wird die sein: Die arithmetische Begabung gründet sich auf den angeborenen Zahlensinn, die geometrische auf den Raumsinn oder die angeborene geometrische Phantasie. Die Studien über den Sitz dieser Sinne im menschlichen Hirn haben noch keine gesicherten Resultate zu tage gefördert, verdienen aber unsere Beachtung.

---

## Über das Denken in der Mathematik.

Ich erinnere mich eines Schülers, der viele Dummheiten sagte und wenn man sie zurückwies, seine Entgegnung stets mit dem Satze einleitete: „Ich habe gedacht". Sollte ich nun dem jungen Manne sagen: „So hören Sie doch auf zu denken", sollte ich ihm das Denken abgewöhnen? Leider sind wir heute in den Tagen der „Denkfreiheit" unendlich oft in der gleichen Lage, wie ich gegenüber dem Schüler und möchten so manchem Redner zurufen: „Hören Sie doch auf zu denken".

Wir sehen also, daß „Denken" und „Denken" zweierlei ist, und so mag es auch dem Mathematiker gestattet sein, für sich eine besondere Art des Denkens in Anspruch zu nehmen und darüber ein wenig zu plaudern. So obenhin will ich das freilich nicht tun, sondern zuerst vom physiologischen Standpunkte aus einige Klarheit über den Vorgang des Denkens überhaupt zu gewinnen suchen.

Die Frage nach dem Denken fällt mit der allgemeineren zusammen, wie der äußere Reiz im Bewußtsein einen Gedanken auslöst. Die Hirnanatomen wissen darüber allerlei zu sagen. Ich knüpfe an Forel, den Spezialisten der Hirnforschung an, der „das vertiefte Studium des Hirns" unter die größten „Kulturerrungenschaften" der Neuzeit rechnet. „Es steht fest," so sagt Forel, „daß die Reize der Außenwelt von den Nervenorganen, die man Sinnesorgane nennt, zum Zentralnervensystem hingeleitet werden, und zwar in einem fixen Verhältnis ihrer ganzen Komplexität, ähnlich wie eine Orchestersymphonie durch einen Telephondraht uns zum Ohre geleitet wird. Ebenso steht fest, daß das Gehirn die Reizkomplexe als sogenannte Erinnerungsbilder oder Engramme beständig aufspeichert, während es andererseits mit Hilfe der motorischen Nerven in den feinsten Nuancen auf unseren Muskeln spielt." Diese Feststellungen" sind, nebenbei bemerkt, nur bildliche Redeweisen, mit denen längst in den Mittelschulen der Vorgang des Überganges vom Reiz in das Hirn veranschaulicht wird. Neu ist vielleicht das ganz überflüssige Wort „Engramm" für Erinnerungsbild. Störend für den Mathematiker ist das „fixe Verhältnis der ganzen Komplexität". Dem Laien mögen solche mit „Fixigkeit" geschaffene Fremdwörter imponieren. Dem Mathematiker machen sie Schmerz, weil sie jeder mathematischen Klarheit entbehren.

Der Vergleich zwischen Nervenfasern und Telephondrähten ist freilich keine Erklärung dafür, wie der Reiz übertragen wird. Der Laie begnügt sich mit diesem Bilde. Der Gelehrte will darüber mehr wissen, und wir finden auch bei Forel einige Ausführungen. Ich will dieselben dem Leser nicht vorenthalten. Es heißt da: „Man hat festgestellt, daß jede der später sich mit einer isolierenden Markhülle umgebende Faser aus einer Nervenzelle herauswächst, ferner daß jene Fasern sich ungeheuer verzweigen, nachdem sie über längere Strecken, sei es innerhalb des Gehirns, sei es in peripheren Nerven des Körpers isoliert verlaufen. Im weiteren zeigt es sich, daß sich in den Fasern und Zellen ungeheuer feine Fibrillen befinden, deren Bündel sich in einzelnen Verzweigungen der Fasern verteilen, die an gewissen Stellen Netze bilden und schließlich, sei es mit Muskeln, sei es mit anderen Zellen in Verbindung treten. Man streitet über die Rolle der Fibrillen und der formlosen interfibrillären Substanz." Die Faser wächst also, wenn ich recht verstehe, aus der Nervenzelle, hat in sich, wie diese die Fibrille, umgibt sich mit Mark und verläuft in den Nerven, welche doch wohl aus den Nervenzellen bestehen. Das scheint uns ein merkwürdiger „Kreisschluß“ zu sein, an dessen Ende wir ebenso klug sind wie am Anfang. Freilich denke ich „mathematisch“ und ich würde verlangen, daß die Unterschiede zwischen Nerven, Fasern, Fibrillen zuerst erklärt werden, ehe man damit etwas erklären will. Da sich die Gelehrten über die Rolle der Fibrillen und der formlosen interfibrillären Substanz streiten, so scheinen diese Definitionen noch nicht „bereinigt“ zu sein. Ich will daher auf diesen Streit nicht weiter eintreten. Es kommt dabei nichts heraus. Ich möchte nur feststellen, daß der Mathematiker anders denkt wie Forel und daß dieser mir einen Beweis für den Satz erbringt, von dem ich ausging: „Denken“ und „Denken“ ist zweierlei. Es wird sich dies fernerhin zeigen, wenn ich den Gedanken von Forel nachgehe. Die Fibrillen, Fasern, Nerven usf., geben also den Reiz weiter. Wie kommt er uns zum Bewußtsein, wie wird er ein Gedanke? Forel sagt: Der Reiz und der bewußte Gedanke sind identisch. Diesen Satz kann weder Forel noch sonst jemand beweisen. Er müßte ihn also glauben. Das ist aber unwissenschaftlich und so gebraucht Forel allerlei Redewendungen, welche den Tatbestand verhüllen. „Ein vertieftes Studium führt immer unzweifelhafter auf die Identitätstheorie.“ „Die Identitätslehre hat unbedingt den Platz des sogenannten Parallelismus einzunehmen, der nur einen zweideutigen Kompromiß zwischen Dualismus und Monismus darstellt. Einzig diese Lehre gibt uns restlos Rechenschaft über das Verhältnis unseres Denkens, Fühlens und Wollens. Es wird täglich klarer, daß in dem ganzen Tierreiche, vom Protisten bis zum Menschen, die geistigen Fähigkeiten mit der Entwicklung der Zellenstruktur und des aus indifferenzierten Zellen hervorgegangenen und zum Organ des Fühlens, Bewegens und Denkens spezialisierten Zentralnervensystemes Schritt halten." Forel „dekretiert" so in einer Broschüre, welche für das Volk berechnet ist. Was er sagt, sind nur Worte, „gelehrte Aufmachung", aber keine Beweise. Immerhin scheint er selbst das Gefühl zu haben, daß der Gelehrte sich an diesen Worten nicht genügen läßt und so wird eine Art „Erklärung" versucht. Da heißt es „der bewußte Inhalt unserer Seele ist nur die sich selbst reflektierende Hirntätigkeit, und diese innere Spiegelung ist von jener Hirntätigkeit so untrennbar wie der Schatten vom Lichte". Das sieht nun ganz mathematisch gedacht aus. Aber zur Spiegelung bedarf es eines Spiegels, den Forel „unterschlägt". Oder ist das Hirn dieser Spiegel, der sich an sich selbst spiegelt? Ganz schief ist der Vergleich mit Licht und Schatten. Wenn Schatten entstehen soll, braucht es nicht nur Licht, sondern einen Gegenstand, der Schatten wirft. Davon weiß Forel nichts. Er schließt ungefähr so: Dem Lichte folgt der Schatten, also sind Licht und Schatten identisch. Dem Reiz folgt das Bewußtsein; also „steht die Identität der beiden Erscheinungen fest". Und „innere" Spiegelung — was heißt da „innere"? Dafür gibt es in der Mechanik bestimmte Definitionen. Kurz von welcher Seite aus diese Sätze betrachtet werden, immer erscheinen sie als verunglückte und fast komische Versuche, mit denen Forel sich selbst und seine Anhänger über die

Tatsache hinwegtäuscht, daß sein „Identitätsgesetz" eine unbewiesene und nicht einmal wahrscheinliche Annahme ist. Ihr gegenüber möchte ich mich immer noch meinem ehemaligen verehrten Lehrer Lotze anschließen, der in seinen Vorlesungen oft zu sagen pflegte: „Wie es gemacht wird, daß aus dem Reize ein bewußter Gedanke wird, dürfte stets ein Geheimnis bleiben, denn die Dinge, welche aufeinander folgen, mechanischer Reiz und bewußter Gedanke, sind von verschiedener Art."

Mathematisch gesprochen liegt zwischen den zwei beobachteten Erscheinungen eine unbekannte Größe. Ich möchte sie ein transzendentes x nennen, das den Reiz ins Bewußtsein ruft. Wollen wir es mit einem Wort bezeichnen, das im Leben gebräuchlich ist, so würden wir von der „Persönlichkeit" reden. Sie faßt alle die ebenfalls transzendenten Größen zusammen, die wir als Seele, Geist, Verstand, Anlagen, Triebe usw. bezeichnen. Sie sind durch ein Formgesetz verbunden. x ist eine Funktion dieser Größen und jeder Mensch stellt in einem gewissen Sinne eine solche Funktion vor. Sie ist vom Schöpfer gegeben und der ganze Zusammenhang der Größen liegt außerhalb des Bereiches unseres Erkenntnisvermögens. Was wir davon wissen ist Stückwerk. Wir beobachten nur da und dort den Verlauf des Gesetzes und beruhigen uns dabei, daß der Reiz vom transzendenten x als Gedanke empfunden wird und daß das Denken eine „Operation", eine Arbeit mit solchen Gedanken ist. Das transzendente x ordnet diese Gedanken, reiht sie aneinander, bewahrt sie auf und ruft ihnen wieder. Indem wir uns über dieses „Denken" unsere „Gedanken machen", sind wir natürlich nicht objektiv und wir können den Vorgang nicht wirklich erfassen, sondern nur in Gleichnissen reden. Man gebraucht dabei das anschauliche Bild von „Gedankenreihen", die wie die Glieder einer Kette als Schlüsse aneinander hängen. Man beobachtet, daß bei den meisten Menschen bestimmte Gedankenketten ausgelöst werden und sagt dann: Der normale Mensch denkt auf die und die Weise logisch. Damit ist eine Eigenschaft des transzendenten x festgelegt, nämlich die Denknotwendigkeit. Das Maß der Denknotwendigkeit, welche ein Mensch zu fassen vermag, ist seine Denkfähigkeit. Man bezeichnet diese Eigenschaften mit Logik und Kapazität. Nehmen wir an, daß im Funktionsgesetz des transzendenten x die Größen, welche dem Zahlensinn oder dem Raumsinn entsprechen, besonders große Werte haben, so wird das x die Schlußketten, die in der Mathematik, resp. Geometrie im Vordergrunde stehen, vorzugsweise berücksichtigen. Auch läßt sich annehmen, daß bei der Begabung für die Mathematik der automatische Apparat, der aus einem Schlusse den nächsten auslöst, für Zahlen und Raumgrößen besonders leistungsfähig sein muß. Die Schlußketten sind sehr lange und die Schwierigkeit, welche Menschen haben, denen die Mathematik nicht „liegt", besteht meistens darin, daß der „Faden zu früh abreißt" und daß die Kette das Ziel nicht erreicht.

Nun handelt es sich aber beim Denken nicht nur darum, eine richtige Schlußkette herzustellen, sondern auch um einen mehr oder weniger großen Umfang des „Zettelkastens" der Erinnerungsbilder und um eine systematische Ordnung derselben. Dazu braucht es besondere Fähigkeiten des transzendenten x, welche im Gedächtnis zur Auswirkung kommen. Ein geordneter Zettelkasten, d. h. ein gutes Gedächtnis, unterstützt die Logik. Sehr wichtig ist beim Denken die Fähigkeit, die richtigen Ausgangsgedanken zu wählen, die Schlußkette am rechten Orte zu beginnen, die rechten Voraussetzungen zu machen. Dieses Geschick des Wählens ist die wertvollste Eigenschaft, die dem transzendenten x gegeben ist. In ihr zeigt sich das schöpferische Element, das Geniale, der Funke, der von Gottes Geist ist. Wie der Mensch zu dieser Fähigkeit kommt, läßt sich nicht erklären. Sie ist intuitives Schauen, Erleuchtung, Geistesblitz, Gnadengabe des Schöpfers. Sie charakterisiert, wenn sie in hohem Maße vorhanden ist, den „Denker" im engeren Sinne, den Schöpfer großer Werke, den Erfinder und sie ist dann meistens einseitig einem bestimmten Gebiete zugewendet. Wissen und Gelehrsamkeit kann diese Gabe fördern, aber nicht ersetzen. Jene zwei Dinge lassen sich durch „Nachdenken" erwerben und seitdem die Buchdruckerkunst erfunden worden ist, wird es dem Menschen leicht gemacht, die fremden Gedankengänge sich anzueignen. Aber das originale Denken kann ohne alte bekannte Weisheit neue Wege finden. Die Erfahrung zeigt freilich, daß der großen Mehrzahl der Menschen durch Überlieferung, Erbweisheit, gesellschaftliche Schichtung und gegebene Verhältnisse bestimmte Gedankengänge und Schlußweisen so nahe liegen, daß nur in ganz engen Gebieten eine eigentlich schöpferische Tätigkeit entfaltet wird. Vielleicht liegt es im Wesen der Dinge, daß die Struktur der Gesellschaft diese vorgezeichneten Wege braucht. Damit stimmt es auch, daß hervorragende schöpferische Gabe nur wenig Menschen gegeben ist. Sie sind Führernaturen. In ruhigen Zeiten setzen sie sich leicht durch. In unruhigen, wie der unsrigen, haben sie die Konkurrenz der allzuvielen auszuhalten, die sich für schöpferisch halten, ohne es zu sein.

Aber wir kommen vom Ziele ab. Ich kehre daher wieder zum mathematischen Denken zurück und fasse das Gesagte nochmals kurz zusammen.

Bei der Besprechung der Ansichten von Forel wird der Leser erkannt haben, wie sich meine Denkweise als die eines Mathematikers von derjenigen Forels unterscheidet und dabei das charakteristische des mathematischen Denkens herausgespürt haben. Es ordnet sich dem allgemeinen Denken bis zu einem gewissen Grade ein. Es bevorzugt die langen Schlußreihen, die direkt aufs Ziel losgehen. Es bedarf daher eines besonderen Weitblickes für das Gedankenarchiv und eine gute systematische Ordnung desselben. Das „Nachdenken" von vorgedachten Gedankengängen spielt auch in der Mathematik, wie in allen übrigen Gebieten, eine große Rolle. Aber das schöpferische Denken ist die Hauptkraft, welche bei der Lösung der Aufgaben in Erscheinung tritt. Fast jedes Problem, welches nicht nach bekannten Mustern behandelt wird, braucht eine gewisse Erfindung, einen „Kunstgriff", der eben dem Mathematiker „einfällt", und welchen der mathematische „Nachdenker" nicht findet. Ich habe darauf hingewiesen, daß die schöpferische Gabe des Schaffens nicht sehr verbreitet ist. Das mag vielleicht auch der Grund sein, daß die Zahl der Menschen, welche zur Mathematik hinneigen, eine recht kleine ist. Wer aber die Leidenschaft zur Mathematik hat, die ja in der Welt viel Leiden schafft, der wird gerade diese schöpferische Intuition zu den größten Vergnügen rechnen, welche der Mensch haben kann.

---

## Vom Unterricht in der Mathematik.

Es ist nicht ganz leicht von diesem Unterricht zu reden. Stellt man allgemeine pädagogische Gesichtspunkte in den Vordergrund, so passen sie recht oft nicht, und man sagt dann: Der gottbegnadete Lehrer braucht diese Krücken nicht. Und redet man von dem Gottesgnadentum, das keineswegs schon durch ein gutes Zeugnis im Examen und durch einen Lehrauftrag bewiesen ist, so meldet sich das Programm, das Pensum, die Aufsicht und vieles andere und bringt den Unterricht in das vorgezeichnete „ordentliche" Gleis. Es gilt also hier entgegenstehenden Ansichten gerecht zu werden. Indem ich dies versuche, will ich zuerst einen Berechtigungsausweis vorausschicken, denn es gibt heutzutage manchen, der in eine Schule hineingesehen hat, sie inspiziert, in einem Schulrat saß und über den Unterricht schreibt, ohne je unterrichtet zu haben. Bei mir liegen die Dinge anders. Ich habe auf allen Stufen, welche einer

Technischen Hochschule vorangehen, mathematischen Klassenunterricht erteilt und seit Jahrzehnten am Polytechnikum vielen Hunderten von Studierenden verwickelte Probleme, deren Verständnis ihnen sonst abging, klar gemacht. Überdies habe ich in Prüfungen Gelegenheit gehabt, das in den Mittelschulen erworbene Wissen zu kontrollieren. Und im Einzelunterricht habe ich in weitere Hundert von Köpfen gesehen und ihre mathematischen Anlagen beurteilt. Dabei habe ich manchen schwierigen und „veralteten Fall" wieder eingerichtet und manchen so zur Mathematik „bekehrt", daß er ihre Schönheit zu ahnen schien. Und manchen Amathematiker habe ich, zu seinem Heile, auf andere Gleise gestellt. Soviel als Berechtigungsschein, wenn ich über den mathematischen Unterricht einiges im engen Rahmen dieser Plauderei sage. Ich beschränke mich auf wenige Punkte, die allgemeines Interesse haben.

Es verhält sich beim mathematischen Unterricht ebenso wie bei jedem anderen. Zwei Persönlichkeiten treten einander gegenüber, der Lehrer und der Schüler, und zwischen beiden liegt der „Stoff". Sie sollen die „Kraft" haben, denselben zu bewältigen.

Der Lehrer ist — wie ich annehme — ein geprüfter Mann, und wenn es sich um Mathematik handelt, so hat er diese auf der Hochschule gründlich kennen gelernt. Gewöhnlich so gründlich, daß er in der besonderen Richtung, in welcher seine „Meister" gerade wissenschaftlich arbeiteten, mittun könnte. Vom Unterricht auf den Vorhochschulstufen, für den die Mehrzahl der Studenten ausgebildet werden sollte, ist dabei meistens wenig die Rede. „Material" für denselben gab es kaum. Das eigentliche schöpferische Denken spielte auch keine große Rolle. Man „hörte" und dachte dem nach, was der Professor vorher gedacht und vielleicht auch schon anderen „nachgedacht" hatte. So war es vor vier Jahrzehnten als ich studierte, und man sprach damals schon sehr viel davon, daß das pädagogische Moment besser berücksichtigt werden sollte. Ich höre auch, daß jetzt da und dort mehr geschieht. Aber die wissenschaftliche und auf den Fortschritt der Wissenschaft berechnete akademische Ausbildung wird immer im Vordergrunde stehen und es muß vielleicht so sein — um verschiedener Interessen und Ziele willen. Wird dann der junge Lehrer, der eine gelehrte Abhandlung schrieb, in die Schule gestellt, so heißt es: hic Rhodus, hic salta. Hat er von Natur aus die Lehrgabe mitbekommen, und hat er, was sehr wertvoll ist, auf der Mittelschule einen tüchtigen Lehrer der Mathematik gehabt, der diese Gabe besaß, so kann er sich gratulieren. Er wird dann *mit* seinem — und oft auch *trotz* seines wissenschaftlichen Rüstzeuges — Treffliches leisten können, besonders wenn er das richtige „Schülermaterial" unter die Finger bekommt. Geht ihm diese Gabe ab, so wird der Unterricht für ihn und die Schüler eine Plage sein und der Mathematik keine Freunde werben.

Sehen wir uns nun die Schüler an. Sie stellen für die Mathematik schon eine Auslese dar, haben Volksschule und Sekundarschulstufe hinter sich und man kann annehmen, daß ihre Anlagen eine gewisse Aussicht für ein zukünftiges Studium bieten. Da tritt die Frage auf, ob es für die Mathematik auch „reicht"; denn es läßt sich nicht leugnen, daß es Naturen gibt, denen der Zahlensinn versagt ist und noch mehr solche, denen die Raumanschauung fehlt. Aber die mathematische Aufgabe, welche in den ersten Unterrichtsjahren zu lösen ist, beschränkt sich im wesentlichen darauf, vorgelegte Schlußreihen „nachzudenken" und einfache geometrische Figuren zu überblicken. Die Sache wird bei rein amathematischen Naturen kritisch. Nun sind aber ausgesprochen amathematisch veranlagte Naturen oft nach einer andern Seite hervorragend begabt. Es ist so, als ob das transzendente x, das alle Fähigkeiten in sich schließt, eine Größe von konstantem Gewichte wäre, bei welcher ausgesprochene Unfähigkeiten in einem Gebiete durch hervorragende in einem anderen ausgeglichen würden. Liegt das Verhältnis so, dann kann man unbedenklich derartige mathematische „Nullen" bis zu einer gewissen Stufe mitnehmen. Zeigt sich aber, daß zur mathematischen Minderwertigkeit noch andere kommen, so deutet der transzendente Fähigkeitskomplex auf Berufstätigkeiten hin, die kein Studium brauchen und solche Schüler werden sich am besten diesen zuwenden. Übrigens ist die Zahl der reinen Amathematiker, welche die ersten zwei bis drei Jahre des mathematischen Unterrichtes nicht bewältigen, recht klein.

Messen wir, bildlich gesprochen, die mathematische Begabung für Zahlen an der Länge der Schlußkette und die geometrische Anlage an dem Umfang des Raumes, welchen sich der Schüler vorstellen kann, so wird bei fortschreitendem Unterricht die Kette, welche der Schüler spannen muß, immer länger und der Raum, den er überblicken soll, immer größer. Daher wächst auch die Zahl derer, die in der Mathematik nicht mehr ohne große Mühe folgen können. Dann kommen auch die Jahre — sagen wir zwischen dem 16. und 17. Lebensjahr — wo bei dem Mittelschüler die Berufswahl in den Vordergrund tritt, und die Frage wird berechtigt: Brauche ich die Mathematik zu meinem Berufe? Der Lehrer muß dann raten. Ist er ein guter Beobachter, so weiß er, was man in Mathematik von jedem Schüler erwarten kann. Er wird auch schon gemerkt haben, wo sich zu dem „Nachdenken" eine gewisse schöpferische Gabe gesellte oder nicht. Da kann also die Abzweigung gemacht werden. Der eine Weg wird in das Gebiet der Mathematik mit ihren vielen technischen Anwendungen gehen, der andere zur Gruppe der Theologen, Philologen, Historiker usw. Die Berufe der Mediziner und Juristen stehen zwischen beiden Gruppen und können es mit der Mathematik versuchen oder nicht. Sie wird ihrer späteren Tätigkeit eine besondere Marke in das exakt Theoretische geben.

Dieser Aufbau sieht in der Schule einen Trennungsstrich zwischen dem 16. und 17. Jahre vor, der heute von mancher Seite verlangt wird. Neu ist diese Scheidung nicht und sie geht auf die Zeit der Reformation zurück, als unsere humanistischen Schulen entstanden. Die Lasten, welche seitdem an Wissensstoff der Jugend von Gelehrten und Spezialisten auferlegt wurden, haben das Konzept verrückt und dehnten die Mittelschule immer weiter aus. Besonders in den letzten 50 Jahren hat sich an die Mittelschule ein Sammelsurium von neuen Fächern angehängt, die in keiner „Bildungsstube" fehlen sollten. Achten wir auf die Natur, so markiert sie in den erwähnten Jahren ihren Strich in der Geschlechtsreife. Die Entwicklungsjahre ändern den Schüler. In dieser Zeit kann die Methode des Unterrichts eine andere, mehr akademische, werden. Der Stoff kann den zukünftigen Beruf besser berücksichtigen. Selbst die Auslese, welche unter der Form der Maturität so viele Mühe macht, wird sich bei diesem System der größeren Freiheit leichter gestalten. Die Mathematik soll natürlich auch auf dieser Zwischenstufe zwischen Mittel- und Hochschule in keiner der zwei Richtungen ganz verschwinden. Sie kann aber bei den zukünftigen Theologen und Philologen zurücktreten, mehr das Übersichtliche und Geschichtliche betonen und bei ausgesprochen unmathematischen Naturen durch Mehrleistungen in Fächern ersetzt werden, welche diesen Naturen besser zusagen. Diese „Erlösung" von der Mathematik wird vielen Lehrern und Schülern willkommen sein, und der Mathematiker kann sich ganz besonders freuen, wenn er nicht mehr so oft das Seufzen hören muß, mit dem so viele Menschen an ihren Mathematikunterricht denken. Und in der Schule wird nicht nur das mechanische „Nachdenken", sondern auch das Nach- resp. Abschreiben einen kleineren Umfang annehmen. Welchen Namen man dieser Mittelschule geben will, welche der Hochschule vorangeht, ist nicht von Belang. Es ist übrigens noch gar nicht lange her, daß man ganz allgemein die zwei letzten Jahre vor der Hochschule als ein besonderes Gebilde auffaßte. Man sprach vom Lyzeum, von der „Rhetorik", der Oberschule und dergleichen. Von unten herauf ist diese Vorhochschule durch die Masse des Wissensstoffes erdrückt worden und der Geist der Logik und Philosophie, welcher früher dort herrschte, ist aus Nützlichkeitsgründen vertrieben worden.

Einstweilen sind wir aber noch nicht bei dieser zweckmäßigen Reorganisation. Es kann sich also nur darum handeln, in den zwei letzten Schuljahren auf die besonderen Anlagen der Schüler in der Mathematik mehr Rücksicht zu nehmen, um eine Entlastung der Amathematiker durch Kompensation in anderen Fächern zu ermöglichen. Wie das geschehen kann, darüber will ich mich nicht aussprechen. Das würde hier zu weit führen. An Versuchen und Mustern fehlt es nicht.

Nun ein Wort über den Stoff. Wenn irgendwo, so heißt es in der Mathematik — non multa sed multum. Wenn irgendwo, so hängt da das Wesen der Sache nicht an der Masse des Stoffes, sondern an der Methode. Man kann an den scheinbar einfachsten Aufgaben, die wenig absolutes Wissen voraussetzen, den mathematischen Geist zeigen, Logik, Überblick, Konzentration und exaktes Denken vorführen. Es ist erstaunlich, wie gerade die größten Mathematiker — ich nenne allen voran Euklid und dann unseren Landsmann Steiner — ganz einfach und bescheiden an die Probleme herankommen und sie zum Ziele führen. Die projektive Geometrie ist ein Muster solcher Einfachheit und führt in Verbindung mit der Zeichnung zu einer Fülle von schönen Resultaten. Bekanntlich ist die Menge des Stoffes heute unendlich groß. Da heißt es auswählen und das Wesentliche finden. Gelehrte sehen oft diese und jene Dinge vom Gesichtspunkte ihrer persönlichen Forschungen und Liebhabereien aus als außerordentlich wichtig, fundamental und bedeutend an und bringen sie „in Mode". Nach einem Menschenalter rücken wieder andere Gesichtspunkte in den Vordergrund. Die Mittelschule sollte derartige „Moden" nicht mitmachen. Dazu hat sie keine Zeit. Wer einmal Mathematik studiert, wird sich beim Studium über die jeweiligen Strömungen orientieren müssen. Für die Schüler ist es wertvoller, die historisch gewordenen Grundlinien des Faches zu kennen und an der Mathematik gewisse geistige Fähigkeiten zu üben. Man bedenke immer, daß die meisten Schüler die Mathematik nur „nachdenkend" genießen und in den wenigsten Fällen von selbst auf „Kunstgriffe" verfallen. Daher muß der Unterricht auf die Durchschnittsfähigkeit eingestellt werden. Man hat dann immer in der Klasse einige „ausgesprochene" Mathematiker und man kann ihren Bedürfnissen durch allerlei Variationen der Aufgaben entsprechen. Diese Schüler dürfen aber nicht zum Ausgangspunkte des Unterrichtes gemacht werden. Daß der richtige Mathematiker seinen Unterricht von vornherein übersichtlich disponiert, auf die Einteilung in Abschnitte Wert legt und stets den Zusammenhang betont, das ist selbstverständlich. Soll doch der Schüler gerade durch die Mathematik diesen Ordnungssinn lernen und diesen muß der Mathematiker schon in der äußeren Form seines Faches zeigen! Auch von der Methode halte ich nicht viel, die absichtlich Hindernisse schafft — um die Furcht vor dem Fache zu mehren und seine Bedeutung zu unterstreichen.

Für die Mehrzahl derer, die nicht später die Wege der Mathematik gehen, gilt es, die Hindernisse aus dem Wege zu räumen und freie Bahn zu machen. Eine besondere Berücksichtigung bedarf das studierende Mädchen. In den letzten Jahren sind einige verdankenswerte Arbeiten erschienen, welche auf experimentellem Wege die Unterschiede der Aufnahmefähigkeit für Mathematik bei den zwei Geschlechtern zu ermitteln suchen. Das Resultat der Versuche ist eine Tatsache, welche genau mit dem stimmt, was Eltern und Lehrer schon längst wissen. In den ersten Jahren — bis zur Pubertät — sind die Mädchen voran, fassen rascher wie die Knaben. Dann folgt ein Rückgang. Die Knaben überholen die Mädchen, schreiten viel schneller fort und mit dem 18. Jahre steht bei einer graphischen Darstellung die Kurve der Mädchen weit unter derjenigen der Jünglinge. Die Koedukation bringt also von einem gewissen Alter an Schwierigkeiten. Die Mathematik liegt eben weniger im Bereiche der weiblichen Fähigkeiten. Es gibt Ausnahmen und es gab auch einige bedeutende Mathematikerinnen. Aber die wenigen Ausnahmen bestätigen uns die allgemeine Regel. Es wird so sein müssen — und es ist wohl auch gut so.

Wir sagten oben: Schüler, Lehrer und Stoff, das sind die drei Dinge, welche im Unterricht aufeinander eingestellt sein sollen und wir sprachen über ihre Beziehungen. Nun kommt es gelegentlich vor, daß Lehrer und Schüler gegenseitig in kein richtiges Verhältnis kommen. Es gibt da Hemmungen, die schwer zu erklären und oft noch schwerer zu überwinden sind. Man verschreibt dann vielleicht Nachhilfstunden. Sie bedeuten immer eine geistige Mehrbelastung. Ein Einzelunterricht bei einem anderen Lehrer, der zeitweise das ganze Pensum übernimmt, dürfte vielleicht mehr nutzen. Natürlich müßte dann bei der Rückkehr in den Klassenunterricht eine Prüfung folgen. Gerade in der Mathematik, wo es auf die Lückenlosigkeit ankommt und darauf, daß der Schüler immer bei der Sache ist und sich konzentriert, wird durch Einzelunterricht in kurzer Zeit viel ereicht. Und was die Lücken betrifft, so ist es wie beim Plombieren der Zähne. Ist der Lehrer mit dem Schüler allein, so kann er das Wissen durchleuchten, findet diese Lücken und sorgt, daß sie ausgefüllt werden. Und das ist ja die Hauptsache, daß der Schüler nach dieser Kur fernerhin schmerzlos die gute Speise genießen kann, welche ihm der Mathematiker vorsetzt.

---

## Mathematik und allgemeine Bildung.

Es gibt kaum einen Begriff, der sich in den letzten 50 Jahren so geändert hat und heute so unbestimmt geworden ist und so umstritten wird, wie derjenige der allgemeinen Bildung. Man hört so oft das Wort „die Gebildeten" und weiß nicht, was man dabei denken soll. Sind es die Menschen, die gut angezogen sind, Konzerte und Theater besuchen, Reisen machen, in guten Hotels leben und verschiedene Sprachen „parlieren"? Sind es Leute mit Maturitäten, akademischen Graden, Diplomen und Titeln; Leute, die Bücher schreiben, Zeitungen redigieren, malen, dichten oder ähnliche Künste treiben? Oder sind Menschen, die viel, sehr viel Geld verdienen und „gemacht" haben, schon auf Grund dieser heute so hochgewerteten Erfolge gebildet zu nennen? So könnte ich noch weiter fragen und manche Gesellschaftsschichte nennen, die sehr beleidigt wäre, wenn ich sie nicht zu der gebildeten zählen würde. Ist doch das Wort Bildung — besonders im deutschen Kulturbereich — in gutem Klange und man sagt, daß Bildung Macht gibt und man ist darauf stolz, daß „alle zur Bildung berufen sind". Man redet von der allgemeinen Bildung wie von einer ganz bestimmten Sache und in Reglementen von Hochschulen wird gefordert, daß nur solche Kandidaten für die Zulassung reif sind, welche sich über ihre allgemeine Bildung ausweisen. Der Spezialist verlangt dann gewöhnlich, daß sein Fach dabei zu seinem Rechte komme. Wer die englischen Heinriche nicht kennt, wer nichts von Laokoon weiß und wer Goethe und Schiller nicht ordentlich „gelernt" hat, der muß die Hoffnung fahren lassen, in Schulen einzutreten, welche den Weg zur Technik erschließen. Und dem Theologen werden die Kegelschnitte, die chemischen Elemente und die Keplerschen Gesetze auch nicht geschenkt. Ich will damit keineswegs Verordnungen, die amtlichen Charakter haben, angreifen, sondern nur konstatieren, daß diese Reglemente eine gewisse nicht kleine Summe von Kenntnissen aus allerlei Wissenszweigen verlangen und diesen Komplex als allgemeine Bildung abstempeln. Die Meinungen sind also über die Frage: „Was ist allgemeine Bildung" sehr geteilt, und so kann man auch nicht von vornherein bestimmen, welchen Anteil die Mathematik an dieser Bildung hat oder möglicherweise haben sollte. Vor 50 Jahren war es anders und die alten Herren, die noch die sechziger und siebziger Jahre des vergangenen Jahrhunderts erlebten, wissen ungefähr, was damals „allgemeine Bildung" war. Ich greife auf meinen persönlichen Erinnerungen zurück.

Mit neun Jahren begann ich den Unterricht im „Latein" zehnstündig und das ging neun Jahre fort bei abnehmender Stundenzahl bis zu sechs Wochenstunden. Im dritten Jahre folgte „Französisch", im vierten „Griechisch". Die alten Sprachen hatten bei weitem den Vorrang in der Stundenzahl. Heute sieht das unsinnig aus. Man darf aber nicht vergessen, daß man mit diesen alten Sprachen zugleich die Grammatik der eigenen Sprache lernte, und daß die Übersetzung in die eigene Sprache die Gewandtheit im Ausdruck außerordentlich förderte. Sodann wurde man durch den Sprachunterricht in die Kulturgeschichte der alten Griechen und Römer viel besser eingeführt als durch einen Geschichtsunterricht. Man lernte durch die Sprache diese Völker in ihrem innersten Leben kennen. Mit dem Studium der alten Sprachen waren auch die Wurzeln für die Entwicklung der modernen Literaturen, der Kunst und vielfach auch der Geschichte gegeben. Man hatte einen Überblick in den Verlauf aller dieser Ereignisse und Lebensäußerungen von Anfang an bis in die Neuzeit, und der Historiker und der Lehrer des Deutschen mußte nur noch eine Anzahl von äußeren Begebenheiten hinzufügen und die in der Sprachstunde gewonnenen Begriffe und das in der Lektüre der alten Schriftsteller erworbene Material in seine einheitliche Darstellung einflechten. Deutsch und Geschichte wuchsen so organisch aus dem Unterricht der alten Sprachen heraus. Der Schüler nahm einmal den ganzen geistigen Werdegang unserer Kultur mit Einschluß des philosophischen Denkens der Alten und mit Einschluß des Neuen Testamentes, das im Religionsunterricht der Prima aus dem Griechischen übersetzt wurde, in sich auf. So war diese allgemeine Bildung gedacht, die sich aus den humanistischen Schulen der Reformationszeit entwickelte und bis weit in das vergangene Jahrhundert herrschte. Und diese Bildung war international. Wenn sterile Lehrer zuweilen nicht auf der Höhe dieses Bildungsideals standen und durch Pedanterie dasselbe verdarben, so waren das bedauerliche Menschlichkeiten, die mit dem System nichts zu tun hatten. In der Kritik treten solche Entgleisungen oft ungebührlich in den Vordergrund, während man von den Vorzügen weniger spricht und auch nicht davon, daß zahllose Lehrer mit Begeisterung dieses Bildungsideal pflegten.

Die Mathematik mit den Naturwissenschaften spielten freilich in diesem Bildungsgange eine sehr bescheidene Rolle. Wollte ich also nach Art vieler Spezialisten nur darauf bedacht sein, daß mein Fach gehörig zur Geltung komme, so müßte ich dieses Bildungsprogramm wegen seiner mathematischen Lücken als ein ganz ungenügendes hinstellen. Aber darauf kommt es ja nicht an, daß die Mathematik und mit ihr der Mathematiker zur vollen Auswirkung komme, sondern auf das, was dem Ganzen dient. Und dafür möchte wohl das mathematische Pensum für jene

Zeiten genügend gewesen sein. Groß war es ja nicht. Man schritt langsam und bedächtig voran, aber alles, was gelehrt wurde, trug noch den Stempel des klaren, durchsichtigen hellenischen Geistes, wie ihn Euklid der Geometrie aufgedrückt hat. Da wußte man noch genau, was Voraussetzung, Satz, Schluß und Beweis war und man gewöhnte sich an das „saubere" formale Denken. Die Frage, wozu man die Dinge später brauche, lähmte noch nicht, wie so oft heute, den Lehrer in seiner Arbeit. Die Erziehung zum Wahren, Guten, Schönen — die Kalokagathie der Hellenen — ging wie ein goldner Faden durch das Programm der Schule und hielt dasselbe zusammen. Wer sich der Technik zuwenden wollte, ging nach sieben Jahren, also im 16. oder 17. Altersjahr ins Polytechnikum über. Die übrigen Schüler vollendeten im „Lyzeum" ihre allgemeine Bildung. Auch da wurde in der Mathematik nicht viel verlangt — Trigonometrie, Stereometrie, Gleichungen zweiten Grades — alles in konzentrierter Form — das war ungefähr als Ziel aufgestellt. Der zukünftige Jurist, Theologe, Mediziner und Philologe konnte das noch leidlich bewältigen. Im Notfalle drückte man ein Auge zu, denn die Mathematik mit ihrem naturkundlichen Anhange hatte kein allzu großes Gewicht. Ein wenig philosophische Propädeutik förderte das logische Denken. Das war damals im deutschen Kulturbereich die allgemeine Bildung. Bei den romanischen Völkern und bei den Angelsachsen ist sie heute — im allgemeinen — noch so. Sie schuf eine einheitliche, idealistisch orientierte obere Bildungsschichte, in welcher manche sozialen und konfessionellen Gegensätze überwunden oder doch sehr gemildert wurden. Daß sie auch dem Mathematiker den nötigen Unterbau verschaffte, dafür zeugen die vielen großen Mathematiker aus der ersten Hälfte des 19. Jahrhunderts, die auf jener Basis zu ihrem Ziele kamen. Vielleicht gab gerade der Einfluß des alten Gymnasiums ihren Arbeiten jene Eleganz und Abrundung, die uns immer wieder mit Bewunderung erfüllt. Ich freue mich aber heute noch, daß ich diesen Weg geführt wurde, der mich vor manchem öden und geistlosen Schematismus bewahrte und zu mancher Arbeit tauglich machte, die ohne Hinblick auf Lohn und Erfolg getan wird und dadurch Befriedigung gewährt.

Das Bildungsideal, das ich oben zeichnete, ist vor allem im deutschen Kulturbereich durch allerlei „Fortschritte" nach und nach vernichtet worden, und es wird sich in dieser Weise auch nicht mehr herstellen lassen. Andere Zeiten stellen neue Anforderungen. Der Geist der Nützlichkeit nahm überhand und verlangte die „Schule fürs Leben". Die aufstrebenden Naturwissenschaften und die Technik mit ihrer glanzvollen Entwicklung brauchte ein Geschlecht von Praktikern, die Fertigkeiten lernen mußten, experimentieren konnten und mit dem Zeichenstift umzugehen wußten. Für sie hatte Homer und Hesiod, Plato und Aristoteles und Schiller und Goethe keine große Bedeutung mehr. Die Naturwissenschaften, Physik und Chemie und die Mathematik wurden die Fächer, welche man beherrschen mußte, um vorwärts zu kommen. Das wollte man aber, und so trat für diesen neuen Begriff der allgemeinen Bildung die Mathematik in den Vordergrund. Zuerst als Hilfswissenschaft auf den technischen Hochschulen. Dann suchte man einen Teil des Unterrichtes in der Mathematik, der vor 50 Jahren noch am Polytechnikum gegeben wurde, auf die Mittelschulen abzuschieben. Die Techniker brauchten für ihre Berufsbildung mehr Zeit. Mit Physik und Chemie ging es ebenso, und dann kam der Kampf zwischen humanistischen und realistischen Mittelschulen. Jede wollte bis zu einem gewissen Grade die Berechtigung für die Universität und die neue technische Hochschule bieten. Bei diesem Konflikt ging die alte aus einem Guße geschaffene humanistische Vorschule mehr oder weniger in Trümmer. Man machte nach allen Richtungen Konzessionen, um dem praktischen Berufsleben nicht im Wege zu stehen, und erfüllte so das Verlangen einer rastlos arbeitenden Menschheit, die im gegenseitigen Konkurrenzkampfe sich anspornte, Großes an materiellen Werken leistete, Wohlstand und Luxus förderte und endlich im Weltkriege Leistungen vollbrachte, wie sie vom technischen Standpunkte aus die Welt noch nie sah. Die Mathematik hatte daran ihren guten Teil. Vielleicht hat sie auch den berechnenden Sinn, welcher den Menschen dieser Zeit bei wachsendem Reichtum in Fleisch und Blut übergegangen war, gefördert und damit zu einer unglückseligen Mechanisierung des Menschen beigetragen. Aber der Hauptgrund für diese Mechanisierung lag doch weniger bei der Mathematik als bei den neuen Arbeitsmethoden und mehr noch in der Gesinnung der Menschen, die sich einer materialistischen Weltauffassung zuwendeten. Die Städtekultur löste die agrarische und seit Jahrhunderten festgefügte Struktur der Gesellschaft auf, und es begann eine neue Güterverteilung, bei welcher jedermann mittun wollte. Die Mathematiker wurden kaum in diesen Strudel der Geldwirtschaft hineingezogen. Sie arbeiteten nur an den Werkzeugen, mit denen sich andere bereicherten. Mathematischer Geist war organisatorisch in der Industrie tätig, wenn es galt, die Kräfte zusammenzufassen und dann wieder richtig zu verteilen, um das Maximum des Erfolges beim Minimum des Aufwandes zu erzielen. Diese mathematischen Leistungen können den Mathematiker mit Stolz erfüllen. Aber an dem Zusammenbruch all' dieser Herrlichkeiten ist die Mathematik nicht schuld, und bei der Güterverteilung ist für sie so wenig abgefallen wie für den Dichter der alten Zeit. Dagegen hat die Bedeutung der Mathematik für die allgemeine Bildung des Maschinenzeitalters, das vor 50 Jahren meteorgleich aufging, sehr zugenommen. Um die Mathematik gruppierten sich die Naturwissenschaften und so entstand ein neuer Mittelpunkt für die Bildungsbedürfnisse des technischen Geschlechtes. Seine „Kultur" hat sich bis jetzt nicht bewährt. Vielleicht war ihr Unterbau zu schwach und nicht auf Felsen, sondern nur auf Sand gebaut.

Und nun spricht alle Welt vom Neubau, und berufene und unberufene Baumeister stellen sich mit verlockenden Plänen ein und versprechen eine bessere Welt zu schaffen. Da wird sich fragen, welche Bausteine aus den Trümmern der zerschlagenen Welt genommen werden müssen, um für die neue ein solides Fundament zu geben, das der Zukunft als Bildungsideal dienen kann. Zu diesen Bausteinen wird ja auch die Mathematik gehören. Ich hoffe, daß ihre Bedeutung dann etwas besser gewertet wird. Sie soll nicht nur dienende Magd sein, die nützliche Dinge schafft und dann — gehen kann. Sie soll vielmehr, wie einst, Begleiterin der Philosophie sein und der Menschheit wieder den Weg zu den Dingen zeigen, die keinen Geldwert haben, aber über dieses irdische Getriebe in die lichten Höhen hinaufführen, wo der denkende Geist den ewigen Gesetzen von Zahl und Raum nachgeht und sie zu erforschen sucht. Wie ich das verstanden wissen will, möge zum Schlusse ein Vergleich aus der Geometrie dartun.

Wir können die Formen der Kurven und ihr Wesen nur dann richtig erfassen, wenn wir ihre Beziehungen zu den transzendenten unendlich fernen Elementen des Raumes betrachten. So sehen sich z. B. begrenzte Bogenstücke eines Kreises und einer Parabel so ähnlich, daß man kaum angeben kann, welcher Bogen der Parabel angehört und welcher dem Kreise. Erst wenn ich weiß, daß das eine Kurvenstück einer krummen Linie angehört, welche durch zwei ganz bestimmte imaginäre Punkte auf der unendlich fernen Geraden geht, und daß der andere Bogen auf einer Kurve liegt, welche die unendlich ferne Gerade berührt — erst dann kann ich den Charakter des Bogens, seinen weiteren Verlauf und seine Grenzen richtig verstehen. Die innere Struktur des Bogens und seine Eigenschaften sind also innig mit seinen Beziehungen zum Unendlichen verknüpft. Analog verhält es sich mit dem Menschen, dessen Erscheinung auf der Erde mit dem kleinen Bogenstück der Kurve vergleichbar ist, die seinen ewigen

Weg andeutet. Dieser wird erst dann richtig erkannt, wenn seine Beziehungen zum Unendlichen klar erfaßt sind. Es wird nicht nötig sein, dieses Gleichnis weiter auszudeuten.

---

## Mathematik und Kunst.

Wer diese Überschrift liest, wird wohl denken, daß ich über zwei entschiedene Gegensätze sprechen will. Der Künstler gilt nicht gerade als ein Freund der Mathematik und ich weiß, wie mühevoll es oft ist, einem Maler die geometrischen Gesetze der Linearperspektive beizubringen. Der Dichter und Kunsthistoriker Kinkel, dessen Vorlesungen ich in meiner Jugend hörte, hat mit Vorliebe die Zahlenmenschen und besonders die Vertreter der darstellenden Geometrie mit Sarkasmus behandelt. Freilich hatte er selbst, eine geborene Künstlernatur, die größte Mühe systematisch zu bleiben, und wenn er versuchte, an der Tafel ein Objekt durch eine Zeichnung anschaulich zu machen, so gelang es ihm nicht. W. Lübke, der nicht gerade Dichter, aber doch dichterisch veranlagt war, sagt in seinen „Lebenserinnerungen": „Nur die Mathematik blieb mir stets antipathisch, wie denn alles Rechnen mir von jeher ein Greuel gewesen und geblieben ist." Beim großen Publikum wird der Mathematiker kaum als Versemacher und Liebhaber künstlerischer Dinge eingeschätzt. Er erregt vielleicht mit seinen Zahlenreihen Erstaunen, aber Anlage zur Kunst traut man ihm nicht zu. In der

Karikatur sieht er auch nicht poetisch aus. Mir schwebt ein solches Bild eines französischen Künstlers vor, das mich köstlich amüsierte. Die respektable Kuppel des Schädels schließt einen „viereckigen" Kopf ab. Die mächtigen Augenbrauen beschatten scharfe Augen. Die Haarbüschel an den Ohren und der struppige Bart begrenzen ein nicht sehr gemütlich dreinschauendes Antlitz, das eher Kinder schrecken als Menschen für die Kunst gewinnen kann. Ungelenk steht er vor der Tafel und man sieht, daß er unter der Krankheit derjenigen Schüler leidet, für welche das mathematische Denken eine Art von Hirnentzündung vorstellt. Auf einem anderen Bilde sehen wir den Astronomen, der mit seinem Fernrohr den Himmel erobern will und dabei rückwärts schreitend im Begriffe ist, in einen Brunnenschacht zu fallen. Kurz die Kunst steht im allgemeinen der Mathematik nicht sympathisch gegenüber und die Beziehung ist manchmal gegenseitig. Gauß konnte Goethe nicht lesen, weil er ihm zu gedankenarm war, und ähnlich geht es vielleicht manchem Mathematiker.

Trotz alledem sind Mathematiker mit künstlerischen Anlagen zu finden und umgekehrt, Künstler mit Neigungen für die Mathematik. Zur Zeit der Renaissance beschäftigten sich nicht nur Philosophen, sondern auch Künstler mit mathematischen und geometrischen Problemen; allen voran Leonardo da Vinci. Albrecht Dürer schrieb eine „Geometrie, Underweysung der messung mit dem Zirkel und richtscheyt" und seine „vier Bücher von menschlicher proportion" zeigen mathematischen Sinn. Bei seinem Kupferstich „Melancholi" findet sich ein „magisches Quadrat" auf die Zahl 34, was eine eingehende Kenntnis mathematischer Probleme voraussetzt. Gall hat in seiner phrenologischen Schädeltopographie die musikalische Begabung als Fortsetzung der mathematischen bezeichnet. Da er Hunderte von Hirnen untersuchte und die Lebensläufe ihrer Besitzer verfolgte, so wird ihm wohl bei den letzteren ein Zusammenhang zwischen Mathematik und Musik aufgefallen sein und ihn veranlaßt haben, in seinen Hirnplan die Musik neben die Mathematik zu setzen. Ob dies phantastisch oder richtig ist, will ich nicht entscheiden. Aber man darf aus dem Vorgehen von Gall doch schließen, daß beide Anlagen oft vereinigt sind. Damit würde es auch stimmen, daß die Begabung für Musik wie für Mathematik sich sehr früh zeigt, und daß die „Wunderkinder" meistens entweder große Musiker oder große Rechner sind. Möbius ging bei seinen Studien auch diesem Zusammenhange nach und fand recht oft Musik und Mathematik vereinigt. In der Familie Herschel vererbte sich Musik und Mathematik auf mehrere Generationen. Ein Mathematiker ersten Ranges, Hermann v. Helmholtz, hat in seiner „Lehre von den Tonempfindungen" die Gesetze der Musik wie keiner vor ihm erforscht und niedergeschrieben.

So ließen sich noch manche Beispiele anführen. Aber ich will darauf keinen allzu großen Wert legen. Es gibt auch genug Gegenbeispiele. Unser Wissen über die Zusammenhänge der transzendenten Faktoren, welche als Begabungen in unserem Hirn prädisponiert sind, wird eben immer nur mangelhaft bleiben. Die Hypothesen, die man

— nach dem Vorgange von Gall — aufstellt, enthalten stets einen irrationalen Einschlag. Eine folgt der anderen und bedeutet zuweilen eine Verbesserung oder sie steht mit der vorhergehenden im Gegensatz und Kampf. In diesen will ich mich nicht mischen.

Vielmehr möchte ich davon reden, wie sich das Kunstmoment auch in der Mathematik zeigt. Weil aber der Mathematiker stets an den Anfang seiner Überlegungen die Definition setzt, so muß ich zuerst erklären, was unter diesem „Kunstmoment" zu verstehen ist. Kunst, so sagt man leichthin, kommt vom „Können". Also ist alles, was man recht kann, auch Kunst. Die Erklärung sieht einleuchtend aus und ist doch ganz schief. Nicht alles, was ich kann, ist schon Kunst. Das „Können" läßt sich lernen. Unsere Zeit ist darin groß. Man lernt schreiben, sogar Bücher schreiben. Man lernt Theaterstücke verfassen, Bilder nach Böcklin und Hodler malen, alle Stilarten der Vergangenheit nachmachen. Man „kann" diese Dinge. Der Berliner sagt „ich schaff's — ist aber deswegen noch kein Künstler. Es muß zu diesem „Können" noch etwas Besonderes, etwas Transzendentes hinzukommen, was man nicht lernen kann. Es handelt sich da um einen Faktor, der im Funktionsgesetz unseres transzendenten x enthalten ist und den ich den Kunstfaktor nennen möchte. Das Können wird erst dann Kunst, wenn in ihm dieser Kunstfaktor enthalten ist. Jemand kann seinen Beruf schlicht und recht treiben, Kleider und Schuhe machen und musizieren und malen. Hat er dann noch den Kunstfaktor, so wird er in seinem Berufe — ein Künstler. Nun ist alles in der Welt weise geordnet und den Bedürfnissen entsprechend verteilt. Der Kunstfaktor ist wenigen Menschen gegeben. Glücklicherweise bedürfen ihn die Berufe nicht, welche die Massenartikel der Menschen herstellen. Schuhe und Kleider und vieles, was zum täglichen Leben nötig ist, braucht zur Herstellung keinen Künstler. Bei anderen Dingen liegt die Sache nicht so einfach. Die Nachfrage nach Gemälden ist nicht groß; aber man verlangt für dieselben etwas „Kunst". Unser Volk, das ein gutes Empfinden für das mechanische Können und das angeborene Talent hat, unterscheidet ganz richtig den „Maler" vom Kunstmaler. Aus dem Maler kann ein Kunstmaler werden, wie die Beispiele von Böcklin, Thoma u. a. zeigen. Für manchen modernen „Kunstmaler" wäre der umgekehrte Weg nicht so leicht, denn das Malen will auch gelernt sein und nicht jeder „Kunstmaler" kann dies heute.

Damit ist wohl klar gestellt, was das „Kunstmoment" ist und ich will nun dasselbe in der Mathematik nachweisen. Bis zu einem gewissen Grade können die nicht zahlreichen Menschen, welche in ihren technischen Berufen Mathematik brauchen, diese genügend durch „Nachdenken" lernen. Der eigentliche Mathematiker aber sollte neben diesem erlernten Berufsapparat, zu dem es schon einer gewissen mathematischen Begabung bedarf, noch den auf die Mathematik bezüglichen Kunstfaktor besitzen. Er zeigt sich nicht nur in der Auffindung von Kunstgriffen, sondern auch in einer gewissen Kürze, Durchsichtigkeit und Klarheit, mit der die mathematischen Probleme gelöst werden. Darin bestehen große Unterschiede. Mit

Geduld und Ausdauer läßt sich ja auch etwas erreichen. Man rechnet und rechnet immer wieder und es gibt Rechner, die mit ihrem mechanischen Verfahren viel leisten. Aber es liegt im künstlerischen Rechnen ein gewisser Rhythmus, der fast ästhetisch wirkt und den der Mathematiker mit dem Kunstfaktor erfaßt. Es gibt Schlüsse, die auf dem kürzesten Wege das Resultat gewinnen und die eine durchschlagende Kraft haben. Verfolgt man die Lösungen, die es von einem und demselben Problem gibt, so wird man leicht verstehen, was ich meine. Jede solche Lösung hat ihren Stil, umständlich, schwerfällig, verwickelt oder kurz, lichtvoll und einfach. Wer Probleme löst, ringt mit dem Stil, wie der Schriftsteller mit dem Wort. Das Finden einer eleganten — also künstlerischen — Lösung gehört zu den größten Genüssen, die ein Mathematiker haben kann. Das gilt von den rechnerischen Problemen — aber fast noch mehr von den Aufgaben der Geometrie. Besonders in der Zeichnung tritt das Kunstmoment zutage. Eine klare, übersichtliche Konstruktion, die mit möglichst wenig Linien zum Ziele kommt, charakterisiert das Wesen einer schönen Lösung. Handelt es sich dabei um Probleme des Raumes, so muß diese Lösung oft auf dem Wege der reinen Vorstellung gefunden werden und dazu braucht es — neben den logischen Schlüssen — eine besonders starke Phantasie, also eine Gabe, welche für das künstlerische Schaffen bezeichnend ist. Überhaupt steht der Geometer schon dadurch, daß er mit Zeichnungen arbeitet, der Kunst näher wie der Rechner und das künstlerische Volk der Griechen hat auch vorzugsweise die Geometrie gepflegt.

So zeigt sich in mancherlei Weise, wie sich der Mathematiker mehr oder weniger als Künstler betätigen und den Kunstfaktor zum Ausdruck bringen kann.

Aber auch in der Mathematik selbst und im Bau ihrer Gesetze liegt etwas, das auf uns so wirkt wie ein Kunstwerk. Es löst Gefühle aus, die wir wohltuend empfinden, in das Gebiet der Ästhetik verweisen und mit den Worten schön, harmonisch und dergl. bezeichnen. Der rechte Mathematiker arbeitet mit dem größten Fleiß an seinen Formeln, bis sie schön sind. Für manche derselben hat es Jahrhunderte gebraucht und mathematische Genies — wie Euler u. a. — haben mitgearbeitet, bis endlich der beste Ausdruck gefunden war. Es ist eine Freude, wenn Formeln symmetrisch einander gegenüberstehen, wenn andere in Gruppen zusammengefaßt werden können und leicht einen Überblick gestatten. Es gibt genau definierte Kombinationen — die sog. Determinanten, mit deren Hilfe sich in reizender Weise komplizierte Sätze kurz ausdrücken lassen. Vor ungefähr hundert Jahren haben fast gleichzeitig mehrere Geometer bemerkt, daß durch die ganze Geometrie eine Teilung geht, bei welcher sich die „Gebilde" einander gegenüberstehen — dem Punkte die Ebene, der Verbindungslinie von zwei Punkten die Schnittlinie von zwei Ebenen usf. Diese sog. „Dualität" gestattet jedem Satze sofort einen anderen an die Seite zu stellen. Sie erschloß mit einem Schlage Reihen von Wahrheiten, die man früher mühsam ableiten mußte.

Eine merkwürdige Rolle spielt in der Geometrie die stetige Teilung einer Strecke oder der „goldene Schnitt".

Man kann eine Strecke so innerlich teilen, daß der kleinere Abschnitt zum größeren sich verhält, wie dieser zur ganzen Strecke. Es scheint nun, daß dieses Verhältnis des kleineren zum größeren Teil für unser ästhetisches Empfinden besonders angenehm ist. Gelehrte haben sich die Mühe genommen, eine Reihe von Gegenständen des täglichen Gebrauches, Objekte der Natur, der Architektur auf ihre Dimensionen hin zu untersuchen. In vielen Fällen ergab sich ein nach dem goldenen Schnitt bestimmtes Verhältnis. Der Mensch und die Natur werden bei dieser Proportion besonders befriedigt.

Ein ganz merkwürdiges — fast mystisches — Beispiel sind die imaginären Kreispunkte auf der unendlich fernen Geraden einer Ebene, durch welche — wie ich oben erwähnte — alle Kreise der Ebene gehen. Nun ist der Kreis in der Ebene wohl die schönste unter allen ebenen Kurven. Merkwürdigerweise nehmen aber alle Kurven der Ebene, welche durch diese Punkte gehen, an dieser Schönheit teil. Sie sind unter den Kurven ihrer Art die schönsten. Der Kenner kann sich bei Kurven dritter und vierter Ordnung leicht von dieser „Harmonie" überzeugen. Es wird also von diesen imaginären Kreispunkten für die Form der Kurven ein ästhetisches Moment ausgelöst, das die Kurve beherrscht. Etwas Analoges gilt im Raum, wo alle Kugeln durch denselben imaginären Kreis auf der unendlich fernen Ebene gehen. Erscheint uns die Kugel als die schönste Fläche, so haben Flächen, die den erwähnten Kreis enthalten, vor anderen Flächen gleicher Art die schöne Form heraus. Schließlich seien noch in diesem Zusammenhange die sog. Minimalflächen erwähnt, die sich auch durch schöne Formen auszeichnen.

So hat also auch in der Mathematik alles Gesetz und Maß und Bedeutung. Der große Mathematiker, unser Schöpfer, hat auch mathematischen Gebilden den Stempel der Schönheit aufgedrückt, so daß sie demjenigen, welcher diese Schönheit fassen kann, Wohlgefallen erregen und ihn mit Bewunderung für die Schöpfung erfüllen.

---

## Mathematik und Geschichte.

Einer unserer besten Schweizer Historiker erzählt gerne, daß ihm sein Mathematiklehrer — der bekannte Astronom Dr. Rudolf Wolf — stets sagte: Aus dir wird nie etwas. Er versagte vollkommen in der Schul-Mathematik und gehört also in das oben erwähnte Trostbuch für „Amathematiker", in das wir noch manchen Kollegen aus der historischen Zunft eintragen könnten. Vielleicht haben diese in ihrer Bescheidenheit ihre mathematischen Anlagen nicht erkannt und später ganz unbewußt in ihrem Fache mathematische Methoden angewendet. Wie das geschieht, davon will ich reden.

Der Historiker soll zunächst ergründen, was vor Zeiten geschehen ist, und wie es dabei zuging. Er stellt zu diesem Zwecke seine eigenen Beobachtungen mit denen zusammen, die ihm übermittelt wurden, und sucht sich daraus ein Urteil über die Ereignisse zu machen. Er verfährt also nicht viel anders wie der Astronom, der seine eigenen und die fremden Aufzeichnungen benutzt, um daraus den Verlauf der Gestirne — so wie er ihm erscheint — festzustellen. Dabei spielt die Frage nach den Fehlerquellen eine große Rolle. Der Astronom kann diese Frage verhältnismäßig leicht erledigen und durch viele Beobachtungen eine fast absolute Gewißheit erlangen. Beim Historiker liegt die Sache nicht so günstig. Bei ihm spielt das, was man die „persönliche Gleichung" nennen kann, eine große Rolle. Ort, Zeit, Anlage, Erziehung, Rasse, Temperament und andere Faktoren bestimmen bei jedem Menschen diese persönliche Gleichung. Der Historiker muß das Abhängigkeitsgesetz zwischen diesen Faktoren bei den Personen erforschen, die er behandelt. Er muß aber auch seine eigene persönliche Gleichung zu erkennen suchen. Das sind — mathematisch ausgedrückt — die Probleme, welche er zu lösen hat, wenn er den Tatbestand feststellen will. Es wird kaum möglich sein, diese Aufgaben restlos zu bewältigen und es wird schon viel erreicht sein, wenn das Problem in seiner ganzen mathematischen Schärfe erfaßt wird und wenn nach mathematischer Weise der höchste Grad der Wahrscheinlichkeit erreicht wird. Legt man z. B. unter Annahme eines Maßstabes den einzelnen Beobachtungen und Quellen ein bestimmtes „Gewicht" bei, für welches der Grad ihrer gegenseitigen Abhängigkeit zu berücksichtigen ist, so gibt die Summe der Gewichte geteilt durch ihre Anzahl einen Begriff von der Wahrscheinlichkeit. Man erkennt daraus, daß keineswegs die Masse der Beobachtungen einer Begebenheit schon einen hohen Grad der Wahrscheinlichkeit verbürgt. Wenige vorzügliche und voneinander unabhängige Quellen haben oft mehr Wert als viele schlechte und unsichere, die sich vielleicht noch gegenseitig beeinflussen. Nehmen wir z. B. sechs Beobachtungen mit den Gewichten 90 (Maximum 100) 80, 30, 20, 10, 6 so ergeben sie eine Wahrscheinlichkeit: 39,3. Dagegen 6 schlechte Beobachtungen mit den Gewichten 20, 10, 15, 25, 15, 5 geben nur eine Wahrscheinlichkeit: 15. Solche und ähnliche Gedanken werden den Historiker bei der grundlegenden Kleinarbeit, welche zur Festlegung der Tatsachen dient, leiten müssen. Und wenn er sich auch nicht immer zahlenmäßig darüber Rechenschaft gibt, so wird doch sein Urteil intuitiv von solchen Regeln abhängen.

Sind die Einzelbegebenheiten genau ermittelt, so wird die Vergleichung ähnlicher Vorgänge eine Gesetzmäßigkeit der Abhängigkeiten zeigen und wir können daraus ein Funktionsgesetz ableiten. Man kann seinen Verlauf darstellen und die Zeit als Maßstab auf der festen Axe auftragen. Man erhält so innerhalb einer gewissen Zeitstrecke für jeden Augenblick einen Punkt einer Kurve, die auf- und absteigt. Nehmen wir an, daß jede Ursache eine Wirkung auslöst, und daß diese die Ursache der folgenden Wirkung sei, und messen wir diese Ursachen mit einem Maßstab von Werturteilen, so sind damit die Kurvenpunkte bestimmt.

Verbinden wir zwei Punkte, die zwei aufeinanderfolgenden Zeiten entsprechen, so gibt uns die Verbindungslinie die Richtung von der Vergangenheit in die Zukunft. Liegen die zwei Zeitpunkte sehr nahe, so stellt diese Verbindungslinie der entsprechenden Kurvenpunkte eine sog. Berührungslinie der Kurve dar. Wir sehen sofort, ob diese Linie steigt oder fällt und können daraus auf das Steigen oder Fallen der Kurve schließen. Jedes zeitlich und örtlich oder sonstwie abgegrenzte Gebiet z. B. eine Zeitperiode, ein Land, eine Stadt, eine Person, kann unter Festsetzung eines Wertemaßstabes zu einer solchen Darstellung Anlaß geben. Der deutsche Sprachgebrauch redet vom Entwurf eines Geschichtsbildes, eines Lebensbildes und erinnert dabei an die in der Geometrie gebrauchten Projektionsmethoden, von denen die Perspektive die bekannteste ist. Will man diese Redeweise auf die geschichtliche Darstellung anwenden, so hängt das Bild in erster Linie vom Standpunkte des Beschauers ab. Man spricht von Froschperspektive, von Vogelperspektive, von frontaler Perspektive, je nachdem man die Dinge von unten, von oben ansieht oder denselben gegenüber steht. Man redet auch in Anlehnung an die Perspektive von einem beschränkten oder weiten Gesichtskreis oder Horizont. Je nachdem der Historiker seinen Standpunkt richtig oder unrichtig wählt, wird er brauchbare oder „verzerrte" Geschichtsbilder entwerfen. Der Standpunkt, welcher bei dieser perspektivischen Auffassung der Geschichte eine Hauptrolle spielt, entspricht dem Maßstabe für die Werturteile, den wir oben bei der funktionalen Darstellung festlegen mußten. So zeigt schon die Sprache, wie der Historiker in seiner Methode geometrische Wege geht.

Man wird hier einwenden, daß der Historiker nur Tatsachen zu ermitteln habe, und daß ihre Bewertung ihn nichts angehe. Diese abstrakte Forderung der Neutralität gegenüber den Ereignissen sieht in der Theorie sehr schön aus, ist aber in Wirklichkeit kaum zu erfüllen und wird auch oft von denen sehr wenig geübt, welche die Forderung laut und mit großem Pathos erheben. Wir erleben das alle Tage. Der Mensch kann sich seiner Persönlichkeit nicht entäußern und er trägt durch Geburt, Volkszugehörigkeit, Erziehung u. a. eine Reihe von Maßstäben für das sittliche, politische, künstlerische Geschehen in sich, und er gebraucht dieselben mit Denknotwendigkeit und fast unbewußt. Und wenn er in Sitte, Staat und Kunst die gebräuchlichen Maßstäbe ablehnt, so wird er neue benutzen, die er selbst schafft. Dabei wird die Summe der Ansichten über die Welt der geistigen Dinge, d. h. seine Weltanschauung, maßgebend sein. Immerhin wird derjenige, welcher als Geschichtsschreiber in hervorragender Weise berufen ist, Werturteile abzugeben, seine Maßstäbe besonders fein herstellen müssen, und er wird beständig an ihrer Verbesserung arbeiten. Ich darf hinzufügen, daß auch der, welcher Geschichtsbücher liest, diese Urteile nicht vermissen will und nur verlangt, daß im Rahmen eines Geschichtsbildes stets derselbe Maßstab angewendet wird, daß also der Geschichtsschreiber damit „unparteiisch" mißt. Diese Kritik des Lesers, welche der Historiker zu erwarten hat, wird ihn vor Willkürlichkeiten bewahren und auch bei der Wahl seines Standpunktes wertvoll sein. Handelt es sich um die Geschichte untergegangener Völker oder solcher, die unserem Erleben ferne liegen, so bietet diese Wahl wenig Schwierigkeiten. Auch bei der Geschichte von Zeiten mit einheitlicher Weltanschauung ist der Maßstab der Beurteilung leicht zu finden. Aber in unseren Tagen des vorherrschenden Individualismus, wo zu den größeren und kleineren Menschengruppen mit gemeinsamer Weltanschauung noch die vielen „Einzigen" kommen, die sich selbst eine Welt aufbauen, wimmelt es von „Standpunkten", welche den Historikern der Zukunft viel zu schaffen machen werden. So viel vom Geschichtsbild und seinem Wahrscheinlichkeitswert.

Ich habe dabei vorausgesetzt, daß der Historiker sein Geschichtsbild nur auf der Grundlage von möglichst genau ermittelten Tatsachen entwirft. Der Mathematiker aber, der überall den gesetzmäßigen Verlauf der Begebenheiten sehen möchte, wird nun nach den allgemeinen Gesetzen der Geschichte fragen, die mit innerer Denknotwendigkeit das Leben der Menschen und Völker erkennen lassen und ein gewisses Vorhersehen der Zukunft gestatten. Da wird der Christ auf das göttliche Regiment hinweisen und in ihm das Gesetz des Weltgeschehens sehen, und die Weissagungen der Propheten und die Aussprüche des Herrn als Zeugnisse dieses Regimentes anführen. Aber abgesehen davon fühlen die Geschichtsschreiber mehr oder weniger deutlich aus den Tatsachen einen gesetzmäßigen Zusammenhang heraus und suchen ihn zu erforschen. Sie stellen Gesetze auf, die ich Geschichtskonstruktionen nennen möchte; denn ihre Formulierung hat mit der konstruierenden Tätigkeit des Mathematikers die meiste Ähnlichkeit. Man kann diese Konstruktionen auch mit den „Formgesetzen" der Naturwissenschaft oder mit den Kräfteplänen des Technikers in Parallele stellen. Sie sollen nach den Ereignissen der Vergangenheit „konstruiert“, in der Gegenwart erlebt werden und richtunggebend für die Zukunft sein. Die Ereignisse, welche wir erleben, sind gleichsam die Probe auf die Geschichtskonstruktion. Ist sie richtig, so zeigt sie uns den Blick in die Zukunft. Freilich gibt es Geschichtskonstruktionen, die sehr romanhaft sind, wie z. B. die Utopia des Morus, der Fourierismus, das Jahr 2000 von Bellami und andere. Gerade in unserer Zeit gehen solche phantastische Geschichtspläne um. Sie bestehen, wie dies z. B. in Rußland zu ersehen ist, ihre Probe sehr schlecht. Das Material, mit dem man die Gesellschaft nach diesen Plänen aufbauen will, ist der Homunkulus, d. h. der künstlich erdachte Normalmensch. Bei Plato und Augustinus ist in ihren Staatskonstruktionen dieser Fehler dadurch vermieden, daß jedem Menschen ein transzendentes x, gleichsam sein aus Gott stammender Schwerpunkt, beigelegt wird, der die irdische Natur überragt und sie beherrschen soll. Dieses transzendente x kann, wenn ein Atom, das eine in sich geschlossene Welt ist, als Stellvertreter des Menschen gelten und aus solchen x wird der christliche Staat aufgebaut. Im Gegensatze dazu verlegt die materialistische Geschichtsauffassung den Schwerpunkt in das irdische Wohlergehen oder, roh gesagt, in die Magenfrage. Was dabei herauskommt, sehen wir alle Tage, und wer es nicht sieht, dem fehlt der Sinn für geistiges Schauen. Bei politischen Parteien sind die Programme Geschichtskonstruktionen, bei denen die Worte „Fortschritt“ und Rückschritt taktische Bedeutung haben, aber mehr nicht. Jede Konstruktion — auch ein Parteiprogramm — hat einen Verlauf, der mit der Zeit gemessen wird und daher immer fortschreitet. Die einen dieser Konstruktionen betonen vielleicht mehr den Zusammenhang mit der Vergangenheit, die anderen stellen die zukünftige Entwicklung in den Vordergrund. Daher die Worte „Fortschritt und Rückschritt". Tieferen Sinn haben sie nicht.

Aber, so wird man schließlich fragen, haben diese Geschichtskonstruktionen überhaupt noch etwas mit ernster Geschichte zu tun? Sind sie nicht Phantasien? Allerdings sind sie das oft in unseren Tagen und sie verdecken in vielen Fällen persönliche Zwecke und werden aus dem Willen zur Macht geboren. Aber es gibt auch solche, die von Tatsachen ausgehen, an solchen geprüft sind und dann als gute Arbeitshypothesen angesehen werden müssen. Sie werden bei der Erforschung der Wahrheit treffliche Wegleitung bieten und die Überblicke über große Zusammenhänge erleichtern. Freilich bedarf es da der Vorsicht, damit sich der Forscher nicht durch das Gesetz verleiten läßt, den Tatsachen Gewalt anzutun, damit sie sich dem Gesetz fügen, während er das Gesetz nach den Tatsachen ermitteln und prüfen sollte.

Teilen wir also die Arbeit des Geschichtsschreibers nach zwei Richtungen — derjenigen der Ermittlung von Einzeltatsachen und derjenigen der Gruppierung dieser Geschehnisse nach zusammenfassenden Gesichtspunkten — so steckt in beiden Fällen mathematisches Denken in der Lösung der Aufgaben. Oft ist sich der Historiker dessen gar nicht klar bewußt, während vielleicht umgekehrt der Mathematiker mit seiner Denkweise allzuviel Skepsis in die Geschichte hineinträgt. Er ist der Überzeugung, daß der Mensch die Dinge „wie im Spiegel" sieht und die absolute Wahrheit aus eigenem Beobachten nicht voll erkennen kann. Auch der Forscher ist da der Menschlichkeit unterworfen und von der Reinheit und Zuverlässigkeit seines Spiegels hängt die größere oder kleinere Wahrscheinlichkeit seines Geschichtsbildes ab. Jedes Bild hat also ein gewisses vom Forscher beeinflußtes Aussehen, wir möchten sagen ein bestimmtes „Gewicht". Je mehr aber solcher Bilder verglichen werden, um so näher werden wir der Wirklichkeit kommen. Dabei wird die Skepsis, die vielleicht von den mathematischen Methoden ausgeht, nur förderlich sein, um innerhalb menschlicher Grenzen die Wahrheit zu erforschen. Dies aber ist das Ziel aller mathematischen wie aller historischen Arbeit.

---

## Falsche Formeln.

Von Formeln zu reden ist in unseren Tagen fast Mode geworden und die Zahl der Formelsucher ist immer noch im Wachsen. Die alten Formeln, welche die Kirchen in ihren Dogmen und Geboten für das geistige, sittliche und natürliche Leben aufstellten, sind für Millionen von Menschen „veraltet" und „unmodern" geworden, und so suchen sie neue. „Propheten" predigen über solche für kleine Gruppen von Anhängern. Diplomaten reisen von Kongreß zu Kongreß den Formeln nach, welche Geld und Macht versprechen und überdies die aus den Fugen gegangene Welt wieder einrichten und auf bessere Geleise bringen sollen. Kommissionen, Verbände, Vereine schaffen neue Formeln, und viele „Schlagwörter" bedeuten im Grunde genommen nichts anderes als Formeln, die einer aufgeregten Menschheit zur Losung und zur Begeisterung voranleuchten sollen. Dazu kommen noch die Scharen der „Einzelnen", die oft in kindlicher Naivität — an der Formel ihres Lebens bauen und annehmen, daß sie die „Einzigen" in der Welt seien und in ihrem Zentrum sitzen. Man scheint also auch in den Kreisen, welche die alten Formeln „überwunden" haben, immer noch der Ansicht zu sein, daß es Formeln braucht, um sein eigenes Leben einzurichten und mit den übrigen Menschen in einer Gesellschaft bestehen zu können. Vielleicht hat man auch von der Mathematik her die Meinung, daß eine Formel etwas Wichtiges, Unfehlbares und Zwingendes ist, und man möchte sich diesen Glauben an die Formel zu Nutzen machen, indem man ebenfalls durch Formeln wirkt. Ich werde später einige solche Formeln behandeln, die heute auf der Tagesordnung stehen und sie ins Licht rücken. Vorher will ich aber auf die Methoden eingehen, nach denen der Mathematiker seine Formeln baut. Man wird daraus erkennen, warum sich diese eines guten Rufes erfreuen und warum so viele Formeln, mit denen heute allerlei Volk hausieren geht, falsch sind und der mathematischen Sicherheit entbehren.

Die Zahl der mathematischen Formeln und Sätze ist groß. Ich erinnere mich einer Vorlesung über „Astronomie des Himmels", in der Professor Rudolf Wolf fast so viele mit Nummern ausgezeichnete Formeln ableitete, als der

Laie Sterne am Himmel sieht. Aber unter dieser Masse von Formeln gibt es, wie unter den Sternen, eine kleine Anzahl, die eine ganz besondere Bedeutung haben und die — wie der Mathematiker sagt — fundamental sind. Eine solche „Grundformel", ein „Fundamentalsatz" gilt dem Mathematiker als etwas Großes, fast als etwas Erhabenes, als Stern erster Größe. Die Formel gibt eine Gesetzmäßigkeit, die verschiedene Größen verbindet, und dieser Zusammenhang ist auf eine einfache und kurze Form gebracht. Aus einer Grundformel können zahllose andere abgeleitet werden. In Einzelfällen zeigt sie uns zusammengehörende Wertegruppen und regelt ihre gegenseitigen Beziehungen und gestattet einen Überblick über die Werte. Der Wichtigkeit entsprechend haben diese Grundformeln und Sätze ihre Geschichte und es liegt oft lange Zeit zwischen dem ersten Gedanken, der im Kopfe eines Denkers fast wie eine Ahnung auftauchte, und dem letzten endgültigen Schlusse, der jetzt vorliegt. Der pythagoreische Lehrsatz, der heute fast Kinderweisheit ist und schon im Kino gezeigt wird, hat z. B. eine lange Entwicklung. Von Einzelfällen ausgehend kam man von Stufe zu Stufe allmählich der allgemeinen Wahrheit immer näher und wir dürfen uns freuen, daß sie schon von den alten Griechen, diesem für das „Schauen" einzig begabten Volke, gefunden wurde.

Ich will mich aber nicht auf die Entdeckerfreuden des Mathematikers weiter einlassen. Die Geschichte der Mathemathik hat sie aufgezeichnet. Bei der Fülle des „Materials", das im letzten Jahrhundert in der Mathematik, wie in den übrigen Wissenschaften, beigebracht und gesammelt wurde, ist es leichter wie früher geworden, Formeln und Sätze zu finden, die vielleicht noch nicht gedruckt sind und nicht irgendwo „stehen". Aber über eine Anzahl ragender Gipfel — d. h. grundlegender Entdeckungen — ist unser Epigonengeschlecht — trotz gelegentlicher Sensationen — nicht hinausgekommen. Das „Finden" geht mehr in die Breite wie in die Höhe und wendet sich mehr den nützlichen wie den rein theoretischen Zielen zu.

Immer hat es Mathematiker gereizt für grundlegende Formeln und Sätze neue Beweise zu finden. Dieses Vergnügen ist demjenigen des Bergsteigers vergleichbar, der eine ragende Spitze auf unbekannten Wegen erreicht. Und wie der Bergsteiger dazu seine Karten studiert, das Terrain untersucht, sich mit den nötigen Hilfsmitteln ausstattet und seine Kräfte übt, so macht auch der Mathematiker seine Vorbereitungen. Er sieht sich die gegebenen Größen genau an. Welcher Art sind sie? Linien, Zahlen, Winkel? Innerhalb welcher Grenzen liegen sie? Sind sie endlich, konstant, veränderlich, eindeutig, mehrdeutig, reell, transzendent? Sind sie in allgemeiner Lage gegeben, voneinander unabhängig oder nicht? Welche Größen sind gleich, größer oder kleiner als die anderen? Diese und ähnliche Fragen müssen zuerst bereinigt werden. Dann sind die Hilfsmittel zu prüfen. Das sind Formeln und Sätze, die in anderem Zusammenhange einwandfrei bewiesen wurden, Hilfslinien bei Konstruktionen und anderes. Endlich gilt es unter diesen Hilfsmitteln die richtige Wahl zu treffen und dann sucht man einfacher und schneller und schöner als es bis jetzt geschah, zum Ziele zu kommen. Dabei spielt auch das ästhetische Moment eine Rolle. Es gibt schwerfällige Beweise und elegante.

Ähnlich ist das Verfahren, das zur Lösung von Aufgaben führt. Erst wieder Untersuchung der gegebenen Größen, Klarstellung dessen, was gesucht wird. Dann Herbeiziehung bewiesener Gesetze und schließlich Ermittelung der gesuchten Größen. Proben durch Einsetzung von Zahlenwerten und Kontrolle bestimmter Schnittpunkte — bei gezeichneten Konstruktionen — geben den Nachweis für die Richtigkeit der Lösungen. Bei Formeln, welche die Technik braucht, hängt das Resultat oft von Größen ab — etwa von der Festigkeit des Materials, seiner Struktur und anderen Dingen — die experimentell mit viel Sorgfalt bestimmt werden müssen und als sog. „Koeffizienten" auftreten.

Man kann nun bis in alle Einzelheiten hinein die in der Mathematik gebräuchlichen Wege gehen, um Formeln für das menschliche Leben aufzustellen und fertige Formeln auf ihre Richtigkeit zu prüfen. Indem ich dies an einigen Beispielen zeige, die seit mehr als 100 Jahren unser Leben beeinflussen, schicke ich eine Bemerkung voraus, die teilweise Gesagtes wiederholt.

Die Mathematik und ebenso die Anschauungsgeometrie, welche in den Grenzen unserer Erkenntnis liegt und als eine direkte Anwendung der Mathematik betrachtet werden kann, setzt an die Spitze ihrer Voraussetzungen Definitionen und in erster Linie das Unendliche. Der unendlich ferne Punkt, die unendlich ferne Ebene und die unendlich ferne Gerade sind nötige Annahmen dieser Geometrie und bedingen die geschlossene Gesetzmäßigkeit. Die analoge Voraussetzung im Leben ist die Annahme Gottes. Die atheistische Formel: „Es gibt keinen Gott" bringt uns in Widerspruch mit den zahlreichen Gesetzlichkeiten des Lebens, deren Gebote von einem transzendenten x ausgehen. Führen wir den Vergleich zwischen Geometrie und Leben weiter aus, so sehen wir das Unendliche in der Geometrie nicht und Gott ist für unser sinnliches Schauen unsichtbar. Aber wir arbeiten mit diesen Begriffen und ich habe oben erwähnt, wie der Charakter geometrischer Gebilde durch seine Beziehungen zum Unendlichen beherrscht wird. Das Gebilde kann sich dieser Beziehung nicht selbstherrlich entschlagen. Sie ist von Anfang an gesetzt. Sie hat bei der Parabel eine andere, leichter verständliche Form wie bei dem Kreise — aber sie ist da wie dort eine Tatsache und ihre Berücksichtigung ist für das Verständnis der Geometrie nötig. Die Analogie für den Menschen liegt auf der Hand und schließt die atheistische Formel als eine falsche aus.

Ich gehe zu einigen Formeln über, die seit der Zeit der „Aufklärung" unser Leben beeinflussen. Da handelt es sich um das Wesen des Menschen — der gegebenen Größe — die gründlich untersucht werden muß, ehe man eine Formel über sie prägt. Sehen wir die Formel an, welche die christliche Weltanschauung aufstellt:

Der Mensch ist eine der Hauptsache nach transzendente Größe von unendlichem Wert und ewiger Dauer. Die Anima christiana ist sein Schwerpunkt. Dieser ist mit der Erbsünde belastet, so daß der Mensch böse von Natur aus ist. Das Gewissen ist der automatische Apparat, der die Unterschiede von gut und böse anzeigt. Dann kann der Mensch das Gute oder Böse tun und hat innerhalb gewisser Grenzen Willensfreiheit.

Der Christ setzt bei dieser Formel die Richtigkeit von biblischen Aussagen voraus. Seine Beweisgründe sind die Erfahrungen, die im Laufe vieler Jahrhunderte mit der menschlichen Art gemacht wurden. Sie konstatieren — gleichsam experimentell — die verderbte Natur. Weitere Beweise bieten die Beobachtungen über die Rolle, welche das menschliche Gewissen spielt. Die bedingte Willensfreiheit ergibt sich als Notwendigkeit für das mögliche Zusammenleben der Menschen in einer organisierten Gesellschaft. Diese Hauptgründe genügten Millionen von Menschen, um die obige Formel für richtig zu halten. Und das heutige Geschlecht hat Gelegenheit genug, die Probe auf die Formel zu machen und alle die „argen" Gedanken zu beobachten, die aus dem Herzen der Menschen kommen, sich in Taten umsetzen und von der verderbten Natur des Menschen zeugen. Wir können diese direkten Beweise noch dadurch unterstützen, daß wir die Gegenformel aufstellen, die sich im Laufe der letzten Jahrhunderte immer mehr geltend machte. Sie leugnet den transzendenten Charakter des Menschen. Er ist ein Produkt der Entwicklung; ein Ergebnis von chemischen Bewegungsvorgängen, von Stoff und Kraft. Er ist ein verschwindendes Atom in einem Mechanismus, der wie ein Perpetuum mobile sich von selbst ewig bewegt. Von wirklicher Willensfreiheit ist dabei nicht die Rede. An Stelle der Begriffe von gut und böse treten diejenigen von nützlich und schädlich. Das Gewissen ist auf diese Gegensätze eingestellt, und aus ihm spricht der Erhaltungstrieb der Art. Damit hängt auch die von J. J. Rousseau geprägte Formel zusammen, nach welcher der Mensch gut ist von Natur aus. Einen absoluten Maßstab für gut und böse gibt es nicht. An Stelle der Sünde tritt alles das, was bei den wechselnden Verhältnissen des Lebens im Kampfe ums Dasein schädlich ist. Das wäre ungefähr, auf kurze und etwas brutal klingende Worte gebracht, die Quintessenz der „modernen" Formel über das Wesen des Menschen. Die Formel hängt in sich zusammen wie eine mathematische „Ableitung" und hat die „atheistische Formel" zur Voraussetzung. Aus dieser folgen die Schlüsse wie die Glieder einer Kette. Wer eines derselben als richtig annimmt, wird auch allen übrigen zustimmen müssen. Und wenn ein Glied als unwahr erkannt wird, so fallen auch die übrigen. Wollen wir die Probe auf diese Formel machen, so brauchen wir nur der Geschichte unseres jetzigen Zusammenbruches nachzugehen. Sie führt nach meinem Erachten zu unmöglichen Zuständen. Wenn aber in der Mathematik der Beweis erbracht wird, daß die Annahme des Gegenteiles einer Behauptung unmöglich ist, so wird damit indirekt die Behauptung selbst bewiesen. Danach wäre also die „moderne" Formel falsch und die „alte" richtig. Aus diesen zwei Formeln gehen zwei Weltanschauungen hervor und es ergeben sich nach zwei Richtungen zahllose Konsequenzen. Auf der einen Seite folgt die geschlossene christliche Lehre von der Erlösung und der Unsterblichkeit. Auf der anderen steht rücksichtsloser Kampf bis zur Vernichtung in Aussicht.

Eine andere Formel, die seinerzeit wie eine aufgehende Sonne die Welt bestrahlte, hat sich vielfach als falscher Schein erwiesen. Mit den Worten „Freiheit, Gleichheit, Brüderlichkeit" wurde zu Beginn der französischen Revolution der Menschheit Glück und Heil und Segen versprochen und alles Volk geriet in einen Taumel der Begeisterung. Die drei schönen Worte waren zwar nicht neu. Sie standen längst in jedem christlichen Katechismus als Grundformeln — freilich, wie es sich bei solchen ziemt, mit den nötigen Erklärungen und Einschränkungen. Die Freiheit setzte die Gebundenheit an Gott voraus. Die Gleichheit galt vor Gott und seinen Geboten. Die Brüderlichkeit wurde aus Liebe zu Gott und den Menschen gefordert. Aber die Völker hielten sich vor der Revolutionszeit so wenig an die Sprüche des Katechismus wie nachher. An Stelle der Freiheit war vielfach Unterdrückung getreten. Gleiches Recht war selten geworden. Die Brüderlichkeit war dem Egoismus gewichen. So begreift man, daß die neue Formel elektrisierend wirkte. Freilich wurden die Größen, welche in ihr vorkamen, vom Volke nicht auf ihre Erklärungen und Beschränkungen hin untersucht. Man wollte Freiheit ohne Gott, Gleichheit in irdischen Dingen und bei der Brüderlichkeit dachte man nicht an Liebe, sondern an die Niederlegung der Schranken, die für ein geordnetes Gesellschaftsleben nötig sind. In diesem Sinne aufgefaßt, erwies sich die neue Formel als eine falsche und brachte Enttäuschung und Unglück über die Menschheit, und sie hat die Probe auf ihre Richtigkeit schlecht bestanden. Sie gehört zu den Formeln, die nur bedingt richtig sind und mit der von Volksverführern Mißbrauch getrieben wurde.

Die alte und die neue Geschichte ist voll von solchem Mißbrauch mit Formeln, Schlagwörtern und Aussprüchen, die nur unter Bedingungen richtig sind, d. h. einen Kern von Wahrheit enthalten aber zu agitatorischen, demagogischen und anderen Zwecken benützt werden, um die Massen im Interesse Weniger irre zu führen. In den politischen und wirtschaftlichen Kämpfen wimmelt es von derartigen falsch gebrauchten Redensarten, die Aufsehen machen, das Volk erregen und Verwirrung schaffen. Der Achtstundentag z. B. ist eine Formel, die in ganz bestimmten Verhältnissen einen Sinn hat und wertvoll ist, aber als allgemeine Formel dazu dienen kann, unseren Gesellschaftsbau zu zertrümmern. An weiteren Beispielen fehlt es nicht. Diese wenigen mögen aber genügen, um zu zeigen, wie vorsichtig man im praktischen Leben gegenüber dem „Schlagworte" sein muß, das sich oft als unfehlbares Gesetz ausgibt und schließlich nur eine falsche Formel oder doch eine falsch gebrauchte Formel ist. Die Mathematik kann da mit ihren Untersuchungsmethoden zum Wegweiser dienen, um den Irrtum zu entdecken und zu bekämpfen.

---

## Keplers Testament.

Die Welt weiß, daß Kepler einer der größten Mathematiker und Denker war und daß seine Gesetze die Grundformeln für die Astronomie wurden. Man weiß auch, daß er nach Vollendung seiner Studien in Maulbronn und Tübingen ein unstetes Leben führte, immer in Sorge und Geldnot war, weil ihm der kaiserliche Hof seinen Gehalt nicht zahlte, der schließlich zu einer Schuldsumme von 12000 Gulden anwuchs. Der Kaiser wies dieselbe endlich an den Herzog von Friedland, und so kam Kepler zwar nicht zu seinem Geld, aber in Beziehung zu Wallenstein und schließlich durch Schiller als Seni in die deutsche klassische Literatur.

Weniger bekannt ist, daß Kepler ein Mann des Glaubens war, daß ihn die Glaubensfragen fast mehr beschäftigten als die Astronomie, und daß er um seiner Überzeugungen willen viele Verfolgungen und Zurücksetzungen erfuhr. Man fand darüber in seinen Werken keine Andeutungen. Man wußte aber aus Briefen an und von Kepler, daß er eine „confessio" geschrieben hatte, die verschollen war. Im Jahre 1910 wurde nun in der Bibliothek des Wittenbergischen Predigerseminars ein Abdruck dieses Glaubensbekenntnisses von 1623 gefunden und dann durch Prof. W. v. Dyck in den Abhandlungen der kgl. b. Akademie der Wissenschaften (1912) veröffentlicht. Kepler wollte nicht, daß das Werk zu seinen Lebzeiten bekannt werde und er ließ nur 100 Exemplare herstellen. Sein Freund, Prof. Matthias Bernegger in Straßburg, besorgte die Drucklegung und „er sollte acht haben, daß nichts davon verlaute". Auch nennt Kepler auf dem Titelblatt seinen Namen nicht. Es heißt da „N. N. Glaubensbekandtnus und Ableinung allerhand desthalben entstandener ungütlichen Nachreden. Gedruckt Im Jahr MDCXXIII." Es ist also eine Art Testament, das vorliegt. Indem ich aus demselben einige charakteristische Stellen entnehme, schicke ich zur Orientierung einiges über die Glaubensstellung Keplers voraus.

Seine Zeit (1571—1630) ist voll von erbitterten Kämpfen, welche nicht nur zwischen den Anhängern der alten Kirche und den Protestanten, sondern fast noch heftiger unter diesen selbst geführt wurden. Es handelte sich meistens nicht um die Grundformeln des christlichen Glaubens, sondern um Streitereien über allerlei Dinge, die „transzendent" sind und über welche man mit menschlichen Worten und Begriffen nichts aussagen kann. Zänkische und streitlustige Theologen fanden da ein Feld ihrer Betätigung und Verketzerung und Kepler kam ohne Willen in diese Streitigkeiten. In seinem Heimatlande Schwaben war man damals auf die „Konkordienformel" festgelegt, in welcher die Abendmahlsfrage im Sinne der „Omnipräsenz" streng lutherisch aufgefaßt wurde. Der mildere Standpunkt Melanchthons und die Ansicht der Reformierten und Kalvinisten erfuhr schroffe Ablehnung. Das brachte Kepler in Gewissensnot und versperrte ihm den Weg nach Tübingen, wo er gerne eine Anstellung gehabt hätte. Er sagt darüber: „So fern nun das Buch Concordiae, welches erst nach meiner Kindheit verfasset, und zum unterschreiben meniglichen im Kirchenampt fürgelegt worden, von denen Glaubens Articuln, welche von anfang der Christenheit biß auff diese Zeit in der Römischen Kirchen geblieben, Hauptpunktlich nicht weiter abweichet, als die Augspurgische Confession gethan: sofern laß ich es auch passirn, und trüge (wann ich ein Prediger wäre) kein bedencken, auch ‚dasselbig' zu underschreiben." Kepler steht also zu den Grundformeln der christlichen Kirchen, aber über die Abendmahlsfrage läßt er sich nicht binden. Er verlangt da Freiheit. Zugleich wehrt er sich gegen den Verdacht, als ob er die h. Sakramente verachte. Insbesondere vom h. Abendmahl schreibt er in seinem Bekenntnis: „Ich begehr es, so wöllen sie es mir nicht geben, ich thue denn etwas, daß wider mein Hertz ist, und sie deßhalben selber nicht rathen, daß ichs thuen soll." Auf den Vorwurf, daß er nicht warm noch kalt sei, sagt er: Ich bin ja weder Lutherisch noch Calvinisch, oder Jesuitisch auff ihren schlag. Ich bin auch sonsten nit Papistisch, die Augspurgische Konfession auch nicht. Aber Gott lob, daß Christus der Herr, weder Lutherisch noch Calvinisch, noch Papistisch gewest, noch ist, auch dieses Wort, Ich will dich ausspeyen, nicht von einer discretion unter vermischten, strittigen Glaubens-Articuln, sondern von einem Christlichen Leben und gutten Wercken geredt hat." Die Polemik Keplers geht also um Dinge, von denen Augustinus gesagt hat: in dubiis libertas, d. h. in zweifelhaften Fragen herrsche Freiheit. Er tritt aber auch für das Augustinische in necessariis unitas ein, d. h. er verlangt in den nötigen Grundformeln Einheit. In beiden Punkten belegt er seine Ansicht durch

Zitate aus zwei Büchern. Ich trete darauf etwas näher ein, weil dadurch die Gedankenwelt Keplers und seiner Zeit sehr gut beleuchtet wird.

Der Genfer Sprachlehrer Isak Casaubonus hatte zu den „Annales ecclesiastici“ des späteren Kardinals Cäsar Baronius einen Kommentar verfaßt, dem Kepler als seine Ansicht folgende Stelle entnimmt: „Man soll nach dem gebrauch der alten Kirchen, die schweren disputationes von der Gegenwart deß Herren Leibs und Bluts, der albernen Gemeind auß den Augen und Ohren rucken, sie dessen bereden, daß es ein sollich geheimnuß sey, das nur für die jenige auff zusparen, die nach etlichen Jahrn zu einem vollkommenen Verstand der Geistlichen sachen gelangen werden; under dessen sollen sie die waare gegenwart nur einfältig glauben und nicht nachsinnen, wie es zugehe.“

Ein zweites Werk, das Kepler anführt, machte in jener Zeit viel Aufsehen. Es ist von Marcus Antonius de Dominis verfaßt (1566—1624) einem Jesuiten, der Erzbischof von Spalata war. Er wurde der Ketzerei angeklagt, floh 1616 nach England, trat zur anglikanischen Kirche über und schrieb ein Buch: De Republica ecclesiastica libri X (1617—1622). Die Art, wie Kepler auf dieses Buch zu reden kam und im Zusammenhange mit diesem „de Dominis“ in seinem „Bekandtnuß“ seine eigene Meinung kund tut, ist fast komisch, aber so charakteristisch für die Anschauungen jener Zeit, daß ich ein paar Worte darüber sagen muß. Der Astronom war damals auch Astrolog und hatte die Zeichen des Himmels für die Ereignisse des menschlichen Lebens zu deuten. Kepler besorgte diese Aufgabe gewissenhaft. „Da war," so heißt es im Glaubensbekenntnis, „anno 1604 ein Newer Stern im Zeichen deß Schützen erschinen, welcher durch das gantze folgende 1605. Jahr gewehret, und ich erst im Frühling deß 1606. dessen vergewissert worden, daß er allerdings verschwunden, hab ich im selbigen 1606. Jahr ein buch mit dem Titulo, De stella nova ausgehen lassen, und hab mich in demselbigen beflissen, so viel mir müglich gewest, die allerfürnemiste hendel der Welt zu durchlauffen, ob ich etwas zu prognosticiren finden möchte, das eines so grossen und merklichen Wunders und Vorbottens würdig geschetzet werde." Das Resultat dieses Nachdenkens war folgende Meinung: „Wie, wann sich zur zeit der Erscheinung dieses Sterns jemand gefunden, der eine Newe Religion und Glaubensbekandtnuß, oder einen Newen Religionsfrieden, Artikulsweise zuverfassen sich bewegen hette lassen, Nemlich aus betrachtung dieses Newen Sternens." Diesen Frieden malt nun Kepler, offenbar als einen Wunsch seines Herzens so aus: „Nach langem Zanck endlicher frid, abstellung aller Confusion und ubermaß, widerbringung guter Ordnung; widerkehrung zu der rechten wahrhafftigen Catholischen Kirch, und zu der Apostolischen Einfalt im Gottesdienst, zurückschreittung zu dem ursprünglichen Alphabeth deß Christenthumbs: zuwider allem Gepreng angemaster Hochheit, Reputation oder Ansehen, zuwider aller unruhe, streit, zanck, auffruhr, schwierigkeit und frevele deß gemeinen Volckes, obsieg des uralten herkommens, der standhafftigkeit, guten raths, discretion, behutsamkeit, gebührlichen ernstes, Mässigkeit und Bescheidenheit. Es solle ein offentlich

Concilium gehalten unn in demselben die zerfallene Kirchendisciplin wider angerichtet etc., die Kirchen reformiert und gebessert, der Jungen angemassete frey- und frechheit oder unzeitiger eyfer in fürtragung sovieler streitsachen auff offener Cantzel, in disputirsucht, in außholhipperung, in böser ausdeutung dessen was nicht so boß gemeint, und man wol könnte beim nechsten bleiben lassen, dise frechheit solle eingestellt werden, deß gemeinen Christen Volcks unsinnige weise in verfolgung ihrer widerparth, und alles dessen, was es selber nicht fassen kan, besser in zaun genommen werden; die Aristocratia Collegiorium oder zusammensetzung rechter Bischofflicher Menner in offentlichen Conciliis wider in ein auffnemen und ansehen kommen; das gespreng, überiger Hochmuth, Pracht, und herfür sprechende Ehrgeitz deren so sich einer Monarchia oder ungemittelten beherrschung der Layen oder Geistlichen anmassen, abgestelt, gedempfft, oder eingezogen werden, summa eine erwünschte vernünfftige Reformation, zu deren aber doch ein schwärer verwirrter und mit Blut geferbter Anfang werde gemacht werden müssen: Das end soll doch gut sein, nach eines Mannesleben; und soll mit großen Solenniteten offentlich bestätigt werden von den Häuptern der Welt. In werender tractation zwar, werde das gemeine Volck wenig darumb wissen; dann ob schon etwa zusammenkunfften etlicher weniger werden gehalten werden, so werde doch das maiste durch die Gelehrte über Land durch zusammenschreiben verhandelt werden."

Dies der schöne Traum der Vereinigung der Kirchen,

den schon Kepler damals träumte und dessen Erfüllung, wie er glaubt, durch den neuen Stern angedeutet werde. Als Kepler dies, in Form einer Prophezeiung in seinem Bekenntnis niederschrieb, währte der 30jährige Krieg schon fünf Jahre und die Sehnsucht nach Frieden war begreiflich. Nun war seit jenem „Prognostikon" über den neuen Stern der Anfang des oben zitierten Buches von Ant. de Dominis (1616) erschienen und der Verfasser bemerkt, „er sei schon zehn Jahre mit seinem werk de Republicca Ecclesiastica umgegangen". Kepler findet nun in diesem Buche die Gedanken, welche er in seiner Prophezeiung ausgesprochen hatte — „wenn er schon den Consensium keineswegs auff alle und jede dogmata verstanden haben wollen, da de Dominis noch zu viel Baptistisch geschrieben". Also sagt Kepler, ist mein „Prognostikon" mit dem de Dominis richtig eingetroffen. Man mag daraus erkennen, daß die Astrologen immer etwas fanden, was ihre Vorhersagungen bestätigte; ebenso wie die Menschen immer Gründe finden, um zu beweisen, daß sie recht haben. In unserem besondern Falle gibt uns aber Kepler — wenn auch in verzwickter Weise — einen wertvollen Einblick in Ideen, die auch heute wieder lebhaft zutage treten und in Kirchenbünden eine Verwirklichung suchen und einer Einheit und dem Frieden zustreben.

Kepler beendigt sein Bekenntnis mit einer erhabenen „Schlußfuge" die an Korinther I 13 antönt und das Augustinische „in omnibus caritas", in allem die Liebe, preist. Er schreibt:

„Der Ertzhirt unserer Seelen, der als das Haupt,

under die Glider seines Leibs, welcher ist seine Gemeind, mancherley Gaben und gradus deß Verstandes, nach dem Er will, außtheilet, welcher auch nach seinem allzeit guten wolgefallen diese differentz verhenget, der woll uns beyderseit gnediglich verleihen, das solche ja nicht zur zerstörung deß gemeinen Nutzens gereiche, sondern das vielmehr dasjenige, was auff jeder seit gut, zur erbauwung desselben, seinen Fortgang gewinne, das widrige aber gedempfft werde, und hierdurch auß underschiedlichen Gaaben, ein Geist der Liebe zu erkennen seye, Nach außweisung deß Hellklingenden Spruchs Sankt Pauli, die Liebe ist Langmühtig und Freundlich, die Lieb eyfert nicht, die Lieb treibt nicht mutwillen, sie blähet sich nicht, sie stellet sich nicht ungebärdig, sie suchet nicht das ihre (ihren Ruhm) sie lesset sich nicht erbittern, sie rechnet nicht das zugefügte übel, sie frewet sich nicht unbilligkeit zu erweisen, sie erfrewet sich aber über der Wahrheit, sie vertregt alles, sie trawet alles, sie hoffet alles, sie duldet alles. Der Gott des fridens, der die Liebe selber ist, sei mit uns allen und bewahre uns in der Liebe auff die selige Offenbarung seines Sohnes, unseres HErren JEsu Christi. Amen."

Ich will diesem religiösen Empfinden eines großen Mathematikers nichts weiter hinzufügen.

---

## Die persönliche Gleichung des Mathematikers.

Ich habe gelegentlich den Ausdruck „die persönliche Gleichung eines Menschen" gebraucht und will nun erklären, was ich damit meine. Die Gesamtheit aller der Größen, welche dem Menschen eigentümlich sind, sein Wesen begreiflich machen und bei seiner Beurteilung in Rechnung zu stellen sind, werden durch ein Abhängigkeitsgesetz miteinander verbunden. Dieses sei die persönliche Gleichung des Menschen. Er ist eine Funktion dieser Größen. Eine exakte Formulierung dieser Gleichung ist bei der Kompliziertheit der Verhältnisse und bei der Beschränkung unsrer Einsicht nicht möglich. Aber wir können doch unseren Eindrücken eine an Exaktheit erinnernde Form geben, wenn wir — im Sinne der Mathematik und mit ihrer Zeichensprache — einige Annahmen machen. Ich setze voraus, daß das transzendete x, welches die Persönlichkeit, das „Ich" des Menschen definiert, eine Gesamtheit von transzendenten Größen ist, die als Anlagen, Triebe, Neigungen, Temperament und anderem in diesem x zu einem Formgesetz vereinigt sind und das Leben des Menschen beherrschen und führen. Sie stehen zu anderen Größen in Beziehung, welche körperlich in Erscheinung treten. Der Verkehr zwischen jenen und diesen hat in dem, was man „Leben" nennt, seine Auswirkung. Jeder Mensch hat ein besonderes transzendentes x — einen besonderen Charakter. Es gibt Gruppen von Menschen, bei denen dieselben transzendenten im x enthaltenen Größen in vorwiegendem Maße vorkommen und der Gruppe ein besonderes Gepräge geben. Die persönlichen Gleichungen der Angehörigen einer solchen Gruppe sind sich ähnlich.

Damit bin ich zu dem Punkte gekommen, von dem die persönliche Gleichung der Mathematiker ausgehen muß. Sie haben die mathematische resp. geometrische Begabung und dazu noch eine Anlage, die der künstlerischen insofern verwandt ist, als sie im Gebiete der Zahlen und des Raumes Neues findet und nach ästhetischen Grundsätzen ordnet.

Ich will nun skizzieren, wie diese Anlagen den Mathematiker beeinflussen und wie er dementsprechend seine Welt einrichtet und wie er vor der Welt dasteht und von ihr beurteilt wird.

Ich erinnere daran, daß die Mathematik ein in sich geschlossenes Gebiet ist. Daher braucht der Mathematiker, der von den praktischen Anwendungen in Physik und Technik absieht, für sein mathematisches Schaffen nichts von der Umwelt. Wenn er in seine Zahlen und Raumprobleme vertieft ist, könnte er, wie Diogenes in der Tonne leben, und er würde es vielleicht dann nur unangenehm empfinden, wenn ihm ein „Ding", sei es ein Mensch, ein Mathematiker oder sonst etwas vor seiner Sonne — d. h. der Mathematik — steht. Sie zieht ihn von der Welt ab, beschäftigt ihn ganz, bewirkt eine oft heilsame Konzentration und scheinbare Geistesabwesenheit. Diese gibt ihm dann in den Augen der Nebenmenschen den Charakter der Sonderbarkeit. Daher ist er oft der Gegenstand von allerlei Anekdoten, und er wird sich freuen, wenn diese gut erfunden sind und den Menschen

Vergnügen machen. Das Lachen ist gesund und die Menschen haben in unseren Tagen wenig Anlaß über anständige Dinge zu lachen, und machen sich oft mit gemeinen Späßen gemein, so daß man gerne Anlaß zu einem guten Witze gibt. Der Mathematiker weiß ja, daß der Spiegel, in welchem er vielfach dem Volke erscheint, ein Hohlspiegel ist, der die Wirklichkeit in verzerrtem Bilde zeigt.

Die Stunden des mathematischen Schaffens ohne Rücksicht auf irgendwelche äußeren Vorteile sind dem Mathematiker Genuß. Er freut sich dabei über seine kleinen Entdeckungen wie über seine weiter gehenden Gedanken ebenso, wie der Musiker, der an seinem Instrumente sitzend komponiert. Nur ist in der Mathematik die Aussicht auf Erfolg und auf den Beifall der Masse nicht groß, während der Musiker eher hoffen kann, breite Schichten zu erreichen. Sie stehen bekanntlich der Musik sympathischer gegenüber wie der Mathematik, wenn schon der Musiker mit lärmenden Übungen mehr stört als der Mathematiker mit seiner stillen Gedankenarbeit. Überhaupt muß sich der Mathematiker damit abfinden, daß er nur einen kleinen Leserkreis hat. Er selbst, der Schriftsetzer und die Korrektoren sind ihm sicher. Dazu kommen vielleicht einige Kollegen seiner besonderen Richtung, der und jener Rezensent, und einige — Liebhaber. Diese kleine Zahl von Interessenten hängt auch damit zusammen, daß der produzierende Mathematiker nur wenig liest. Prof. Fehr in Genf und andere haben (1908) eine Umfrage bei namhaften Mathematikern aller Nationen gemacht, um einen Einblick in die Arbeitsmethoden und die Lebensweise zu erhalten. Über die mathematische Lektüre befragt, äußerten sich eine Anzahl von Autoren dahin, daß sie grundsätzlich nichts über Probleme lesen, ehe sie an dieselben herantreten. Andere Mathematiker bemerken, daß sie zum Studium fremder Arbeiten keine Zeit haben. (Zur Kritik reicht sie freilich zuweilen.) Man begreift daher, daß das Studium der Geschichte der Mathematik daniederliegt und daß, wie Eneström in seiner Zeitschrift für Mathematik nachweist, zahllose historische Notizen über die Mathematik falsch sind. Aus alledem folgt, daß dem schaffenden Mathematiker kein Massenruhm winkt, und daß er seine Befriedigung in der Arbeit an sich suchen muß. Er wird dabei immer ein wenig ein „Einsamer" bleiben. Trotzdem — und vielleicht deswegen — fehlt es nicht an Streit unter den Mathematikern, und ich könnte manches von führenden Mathematikern erzählen, denen ich nahe stand, und die gar nichts aneinander „gelten" ließen. Aber das sind Menschlichkeiten, mit denen wir alle behaftet sind und die vielleicht bei dem kritischen Volk der Mathematiker oft eine besondere Schärfe annehmen.

Nur wenige Mathematiker können sich das Vergnügen leisten, beständig in ihrem Fache produktiv zu schaffen. Sie müssen einen Teil ihrer Zeit dazu verwenden, um die Mathematik zu lehren oder ihre Anwendungen in der Technik zu pflegen. Es mag dies gut sein, damit der Mathematiker in seinen Spekulationen nicht allzusehr den realen Boden verliert. Das Lehren ist freilich in unserer Zeit nicht immer leicht und die Jugend wird durch die Menge der Eindrücke, welche sie von ihrer Kindheit an —

besonders im Großstadtleben — empfängt, immer weniger für das konzentrierte Denken geeignet, das die Mathematik verlangt. Da fehlt dann oft der rechte Kontakt zwischen Lehrer und Schüler und die Arbeit wird mühsam. Aber in der Technik findet der Mathematiker, der praktischen Sinn hat, ein erfolgreiches Feld der Arbeit, selbst wenn seine mathematische Begabung keine hervorragende ist.

Nun ein Wort von der Art wie der Mathematiker die Welt der Dinge ansieht. Ich knüpfe dabei an die bekannten Aussprüche von Lichtenberg und Schopenhauer an, nach denen die Mathematiker gerne die Welt von oben herab beurteilen. So verhält sich die Sache nicht. Es liegt ja im Wesen der Mathematik, die „Dinge" in ihren gegenseitigen Beziehungen zu betrachten, Gleichartiges zusammenzufassen und Gesetze aufzustellen, aus denen sich die Einzelfälle ableiten lassen. So wird der Mathematiker mehr Überblick haben als andere Menschen, die in Spezialfällen und in engen Kreisen hängen bleiben, und seine Ansichten werden oft von denen der übrigen Menschen abweichen. Er wird da immer ein „Mann der Minorität", ein „Einsamer" und ein „Sonderbarer" sein. Aber das Korrektiv seiner Meinung liegt darin, daß er die Einsicht in die Begrenzung unserer Erkenntnis hat, daß er die Voraussetzungen aller Behauptungen prüft, und daß er unter Berücksichtigung des Gesetzes der Relativität nicht so schnell wie die übrigen Menschen aus dem Einzelfall ein allgemeines Gesetz ableitet. Er ist sich wohl bewußt, daß unser Wissen Stückwerk ist, und daß unsere Erkenntnis mit zahlreichen Fehlerquellen behaftet ist. Er macht also weder für sich noch für andere Menschen den Anspruch auf Unfehlbarkeit in diesen irdischen Dingen — aber er findet zuweilen, daß leidenschaftliche, phantastische und egoistisch beschränkte Urteile der Wahrheit weniger nahe kommen und der Welt weniger nützen, wie ruhige, nüchterne und dem allgemeinen Wohle dienende. Diese skeptische Art der Auffassung ist freilich in vielen Fällen bedrückend, weil sie selten den Erfolg für sich hat.

In politischen Dingen wird der Mathematiker schwer in einer Parteischablone unterzubringen sein. Er wird der historisch gegebenen Auswirkung eines Weltgesetzes zuneigen und allem entgegenstehen, was ohne Berücksichtigung der gegebenen Realitäten täppisch oder phantastisch in dieses Weltgeschehen eingreifen will. Aus dem Studium der Vergangenheit ergibt sich ihm der Weg für die Zukunft. Im allgemeinen wird sich aber der Mathematiker kaum sehr zur Politik hingezogen fühlen, wenn schon der jetzige deutsche Reichskanzler — Wirth — Mathematiker ist und vor nicht langer Zeit noch den Gymnasiasten in Freiburg i. B. Unterricht erteilte. Dem „Intellektuellen", der oft nur „oberflächlich" denkt, mag es auffallen, daß unter den Mathematikern sehr viele religiös und sogar streng kirchlich gesinnte Männer sind. Von Keplers religiösen Ansichten redete ich oben. Paskal, der fälschlich im Aufklärungszeitalter als ein Mann des religiösen Freisinns abgestempelt wurde, war eine durch und durch religiöse Natur. In seinem Streite mit der Kirche handelte es sich — wie bei Kepler — im Grunde genommen nur um unwesentliche Punkte, und schließlich kehrte Paskal wieder zur Kirche zurück. Newton hielt seine Studien über die Offenbarung Johannis für wertvoller als alles, was er in Mathematik und Physik geleistet hatte. So ließe sich noch manches Beispiel anführen.

Der Grund, warum viele Mathematiker religiös sind, mag darin liegen, daß sie die Dinge der Welt bis auf ihren Urgrund durchdenken und dann überall auf das transzendente x, die Welträtsel, das Ignoramus, Ignorabimus, stoßen. Sind sie so weit, so liegt es nahe, daß sie an eine transzendete Annahme anknüpfen, sich vor dem Dogma nicht scheuen und einen bestimmten historisch gegebenen Gedankengang in seinen Hauptlinien anerkennen. Sie ziehen ihn den unbestimmten und selbstgemachten Ersatzreligionen vor, die so oft auf die Formel hinauslaufen: Jeder sein eigener Papst. Ein weiterer Grund für die religiöse Einstellung mancher Mathematiker mag darin liegen, daß sie ein gutes Gegengewicht zur Mathematik gibt. Auf diese Weise wird die einseitige mathematische Begabung zu einer harmonischen Gesamtheit ergänzt.

Das bringt uns schließlich auf einen Punkt, der überhaupt im Leben vieler Mathematiker eine Rolle spielt. Wir meinen die Ergänzungsanlage zur mathematischen. Glücklich der Mathematiker, der eine solche besitzt! Sie wirkt ausgleichend auf seinen Charakter und die Abwechslung bedeutet geistige Erholung. Die Beobachtung zeigt, daß sich diese Ergänzungsanlage häufiger findet als man denkt. Ich habe bei den Beziehungen der Mathematik zur Kunst schon davon gesprochen. Ich erwähne noch einige

Beispiele. Schläfli, der berühmte Berner Mathematiker, war ein großer Sprachforscher. Der Erlanger Mathematiker Pfaff übersetzte mit Rückert Stücke aus dem Sanskrit. Graßmann war ein geistreicher Mathematiker und Sanskritist von Ruf. Und schließlich noch eine mehr äußerliche Ergänzung zur mathematischen Begabung. Der oben erwähnten Umfrage bei bekannten Mathematikern entnehmen wir noch, daß von vielen Mathematikern ihre Freude am Wandern hervorgehoben wird. Das „Naturmenschentum", das schon die Pythagoreer trieben, scheint also ein wenig zum mathematischen Geschäfte zu gehören. Persönlich kann ich bezeugen, daß das Wandern wie ein Seelenbad wirkt und guten Gedanken den Weg bereitet. Die Statistik über die Lebensdauer der Mathematiker lehrt überdies, daß sie dabei durchschnittlich ein hohes Alter erreichen und beweglich bleiben.

Ich schließe diese Skizze, welche zeigt, wo die Stärke und Schwäche des Mathematikers liegt. Der Leser wird daraus erkennen, daß sich „die Welt in Mathematikerköpfen anders malt als in anderen Köpfen".

---

## Die Kritik.

### Ein Schlußwort.

Nach dem Buche kommt die Kritik. Soll ich sie selbst machen? Ich habe etwas Übung in dem Fache. Früher besprach ich für mathematische Zeitschriften manches Buch über darstellende und höhere Geometrie. Es war mir immer eine Freude auf ein gutes Buch hinweisen zu können. In einigen Fällen habe ich mir freilich durch die Kritik in Schrift und Wort keine Freunde gemacht und es im Leben deutlich gespürt. Nicht bei den Mathematikern, die in der Beurteilung meiner mathematischen Bücher und Abhandlungen milder waren, als ich es vielleicht gewesen wäre — aber bei anderen, und das ist menschlich.

In späteren Jahren und bis heute habe ich viele Bücher da und dort kritisiert, welche zur Unterhaltung und Belehrung geschrieben werden und keinen mathematischen Einschlag aufweisen. Da ich die Bücher selbst wählte, die ich empfehlenswert fand, so konnte ich ein „milder" Kritiker sein, der im Kampfe gegen die Schundliteratur einer besseren die Wege bahnen will. Trotz dieser Erfahrungen bin ich zur Kritik dieses meines Buches nicht „objektiv" genug. Wenn ich es empfehle, so geht es wider den Brauch. Wenn ich es heruntermache, so geht es gegen die Natur und „Kindsmord" ist sündhaft. Ich will daher, zuhanden des Kritikers nur noch dies sagen: Das Buch liegt zwischen der Mathematik und der Unterhaltungsliteratur. Es soll mathematische Feuilletons bringen. Sie sind nicht so leicht zu lesen wie die Feuilleton einer Zeitung, aber auch nicht so schwer wie mathematische Abhandlungen. Meine persönlichen religiösen und politischen Ansichten, meine durch viele Erfahrungen gewonnene Weltanschauung — mathematisch beleuchtet — wird dem Buche eine besondere Eigenart geben. Und nun will ich ruhig warten und sehen, welche Wege das Buch geht und was der Leser aus demselben herausliest. Dann schreibe ich vielleicht später einmal die Kritik dazu.

---

www.ingramcontent.com/pod-product-compliance
Lightning Source LLC
LaVergne TN
LVHW010610110826
845149LV00003B/849

* 9 7 8 1 4 1 8 1 7 9 7 1 7 *